MEGA DRIVE:
HISTÒRIA
GUIA DE JOCS

Daniel Caballero

Copyright © 2021 Daniel Caballero

Les imatges que apareixen en aquest llibre han estat incloses com a complement per poder il·lustrar el contingut del text i per poder situar-lo en el seu context històric i/o artístic, utilitzant-se únicament amb propòsits d'ensenyament, crítica i investigació, sent totalment imprescindibles per comprendre per part del lector tota la informació que conté. Llibre no oficial. Qualsevol dret sobre els objectes representats, noms utilitzats, etc., serà exclusivament dels respectius titulars de la llicència, sent protegits per drets d'autor i marques comercials.

A Maria Rosa, Octavi i Núria.

CONTINGUT

	Agraïments	i
1	Introducció	1
2	La seva història: És la guerra !	9
3	Jocs beat'em up i lluita	23
4	Jocs shoot'em up	43
5	Jocs d'acció i plataforma	61
6	Jocs RPG	85
7	Jocs d'estratègia	95
8	Jocs d'esports	103
9	Selecció de Portades	117
10	Índex i preus de Jocs	153

AGRAÏMENTS

Durant molts anys a Catalunya i a Espanya va existir el concepte que els videojocs estaven destinats únicament a nens. Per sort, aquesta idea generalitzada va anar canviant al llarg del temps. Actualment hi ha a Catalunya, Espanya i altres països diferents generacions de persones que segueixen molt de prop aquest fantàstic món.

    És de justícia agrair l'esforç realitzat per tots aquells que van iniciar aquesta gran aventura, que va ser ni més ni menys que crear tot allò que està relacionat amb l'increïble món dels videojocs. Els "culpables" de tot això i als quals s'ha de valorar el seu esforç són grans persones com Toshihiro Nishikado, Ralf H. Baer, Yuji Naka, Shigeru Miyamoto, Gerald A. Lawson, Martin Bromley, James Humpert o Sir Clive Sinclair, que sense ells i sens dubte, no hauria estat possible l'existència d'aquesta gran afició.

1. INTRODUCCIÓ

Els orígens sobre l'apassionant món dels videojocs es van produir durant la dècada dels anys 40 del segle XX, aproximadament durant el període de la Segona Guerra Mundial. En aquella època, alguns científics de diferents nacionalitats ja treballaven amb projectes sobre jocs d'escacs per poder executar-los en enormes ordinadors, que en aquells temps començaven a estar preparats per executar aquell tipus de programes.

El 1947 els nord-americans Thomas T. Goldsmith i Estle Ray Mann van desenvolupar el que van denominar "Dispositiu d'entreteniment de tub de raigs catòdics", el qual es basava en unes pantalles de radar similars a les utilitzades a la Segona Guerra Mundial. El joc guardava certa similitud amb el clàssic Missile Command d'Atari de 1980. A la sol·licitud per realitzar la patent del joc apareixia una descripció: "S'utilitza un tub de raigs catòdics a la cara dels quals es pot veure el rastre del raig o feix d'electrons. Un o més objectius, com ara imatges d'avions, per exemple, es col·loquen sobre la cara del tub i els controls que estan disponibles perquè el jugador pugui manipular el rastre o la posició del raig que es mou automàticament a través de l'esmentada cara del tub".

Uns anys més endavant, concretament el 1951, l'australià John Bennet va presentar en una exposició al Regne Unit un enorme ordinador que aconseguia executar el joc anomenat "Nim": un joc d'estratègia en què dos jugadors havien d'eliminar uns objectes de diferents espais.

El 1952 el professor britànic Alexander S. Douglas va crear el joc denominat "OXO", que utilitzava una sèrie de zeros i creus per desenvolupar el joc en pantalla, i amb aspecte similar al conegut Tres a

Raya. Douglas va programar el joc com a part d'una tesi sobre la interacció humà-computadora a la Universitat de Cambridge.

Ja el 1958, els enginyers nord-americans William Higinbotham i Robert Dvorak van presentar un joc de tennis utilitzant bàsicament un oscil·loscopi i un circuit de transistors. El joc per a dos jugadors mostrava un partit de tennis en perspectiva lateral i unes línies que representaven dues raquetes pels jugadors i que movien amb dos controls fabricats especialment per al joc.

El 1962, el professor Steve Russell de l'Institut de Tecnologia de Massachusetts va inventar el joc "Spacewar", un videojoc de combat espacial per a l'ordinador PDP-1 (Programmed Data Processor-1). Es tractava d'un ordinador avantguardista que es trobava principalment a algunes universitats. El Spacewar es considera el primer videojoc que va poder jugar-se en instal·lacions de diferents ordinadors.

The Brown Box - 1967

El 1967, el germà-nord-americà Ralph H. Baer i els seus col·legues de Sanders Associates Inc. van desenvolupar un prototip de sistema de videojocs multijugador i multiprograma amb dos rudimentaris comandaments realitzats amb fusta i que es podia reproduir en un televisor domèstic. Se'l va denominar "The Brown Box", i podia programar-se per jugar una varietat de jocs pressionant els seus interruptors de la part frontal. Els jocs de The Brown Box incloïen ping-pong, dames, tir al blanc amb l'ús d'una pistola de llum, un joc de golf que requeria l'ús d'un accessori especial i quatre jocs d'esports diferents. Sanders Inc. va atorgar la llicència "Brown Box" a Magnavox, que va presentar el sistema amb el nom de Magnavox Odyssey el 1972, i que va ser considerada la primera consola de videojocs domèstica.

Primera Generació - Principals consoles de videojocs

1972 - Magnavox Odyssey
1975 - Epoch TV Tennis Electrotennis
1975 - Atari Home Pong
1976 - Coleco Telstar Series
1977 - Nintendo Color TV-Game Series

El 1976 la companyia nord-americana Fairchild Semiconductor va presentar al mercat d'aquell país la consola de videojocs Fairchild Channel F, la primera consola amb slot per a cartutxos de jocs i que a més incorporava un microprocessador al seu interior. Aquesta consola és la primera de totes les que formen part de la considerada Segona Generació de Consoles de videojocs.

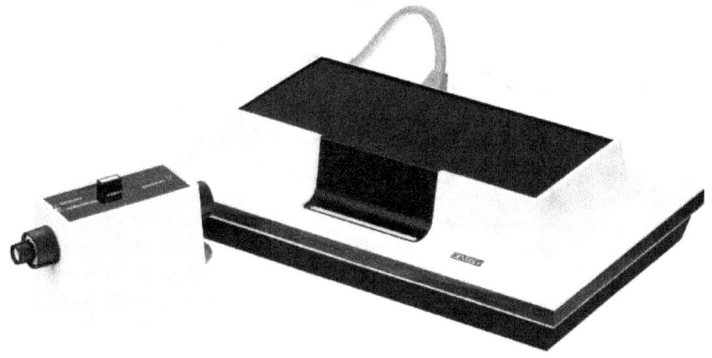

Magnavox Odyssey - 1972

El 1977 Atari va presentar el seu model 2600, també conegut com Video Computer System, una consola domèstica que presentava joysticks i també cartutxos de jocs intercanviables com el model de Fairchild de 1976. La seva producció es va realitzar durant més de 14 anys, principalment als Estats Units i Europa. L'Atari 2600 va aconseguir batre tots els rècords en vendes de videojocs a l'època, encara que molts d'ells eren d'una qualitat més que qüestionable. Aquesta consola va coincidir amb la coneguda crisi del videojoc del 1983 que va aparèixer a diferents països, però sobretot als Estats Units.

Segona Generació - Principals consoles de videojocs

1976 - Fairchild Channel F
1977 - Atari 2600
1977 - Bally Astrocade
1978 - Magnavox Odyssey 2
1979 - Intellivision
1982 - ColecoVision
1982 - Vectrex

Fairchild Channel F - 1976

La indústria dels videojocs va obtenir grans èxits al final de la dècada dels 70 i principis dels 80, que inclouen:

- 1978: Presentació del gran videojoc arcade "Space Invaders".
- L'aparició el 1979 d'Activivision, el primer desenvolupador de jocs per a tercers que produïa software sense la necessitat de fabricar consoles o màquines recreatives arcade.
- La creació el 1981 del nou videojoc "Donkey Kong" per part de Nintendo, i que presentava al món el seu mític personatge Mario.
- Llançament el 1982 per part de Microsoft del seu joc de simulació de vol: "Microsoft Flight Simulator".

El boom del videojoc a Catalunya, Espanya i Europa

La revolució dels videojocs a moltes llars de Catalunya, Espanya i Europa es va iniciar de forma clara a principis dels anys 80, dins de l'anomenada Era dels 8 Bits, i sobretot gràcies a petits ordinadors com el que va aparèixer el 1982 al Regne Unit: Sinclair ZX Spectrum, una màquina que va sorprendre en aquella època per la seva gran versatilitat i prestacions. El diminut ordinador de la britànica Sinclair va ser gran un èxit en vendes a Catalunya i Espanya, deixant enrere molts importants fabricants com ara l'empresa americana Commodore o la britànica Amstrad, que produïen sistemes amb prestacions similars o superiors però que van tenir un èxit de vendes inferior a aquell ordinador que incorporava unes curioses tecles de goma.

La invasió japonesa

El 1983 els fabricants japonesos Sega i Nintendo presenten al seu país les consoles SG-1000 i Famicom respectivament, fet que va suposar en certa manera el tret de sortida a una gran rivalitat entre les dues empreses i que s'aguditzaria uns anys més tard. Després de l'èxit que va suposar en vendes al Japó d'aquestes dues consoles, sobretot la Famicom de Nintendo, es va fer la presentació a altres continents.

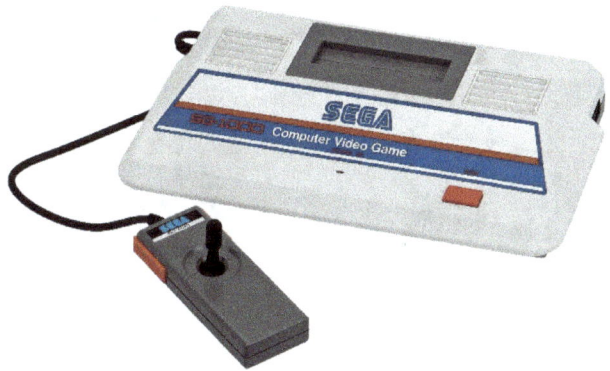

Sega SG-1000 - 1983

Sega SG-1000: característiques tècniques

- Chip CPU de NEC D780C (clon del Zilog Z80).
- ROM: entre 8 Kb y 48 Kb (opcional)
- RAM 8 Kb
- VRAM 16 Kb
- Chip de so Texas Instruments SN76489 que generava so mono
- Resolució : 256 x 192 en 16 colors

Connexions:

- Port paral·lel
- Vídeo compost
- Port per a cartutxos
- Port per a cassette
- 2 ports per a joystick

Dos anys més tard Sega va presentar al mercat japonès el seu nou producte en 8 bits: la consola Sega Mark III, que millorava l'anterior SG-1000 i que permetia utilitzar els jocs d'aquesta. Al mercat americà va aparèixer el 1986 i a la resta del món un any més tard, redissenyada i denominant-se de forma generalitza Sega Master System.

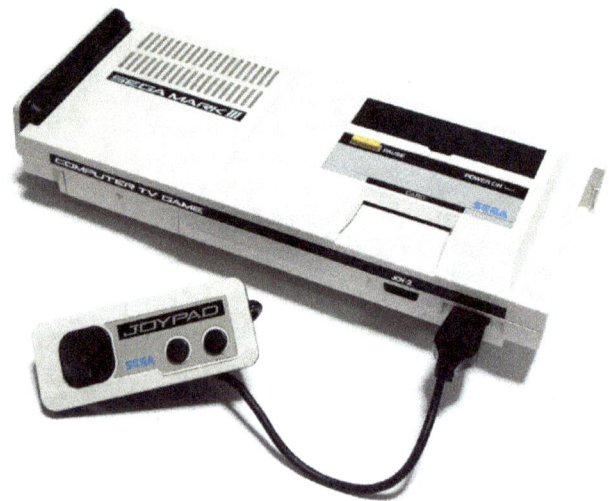

Sega Mark III - versió japonesa - 1985

El 1987 la Sega Master System apareix a Europa, englobada en l'anomenada Tercera Generació de Consoles i compartint mercat amb tota una legió de microordinadors de 8 bits.

A causa principalment d'una distribució irregular a molts països europeus, la Master System va tenir un èxit moderat en vendes, sempre per sota dels ordinadors de l'època com l'esmentat Sinclair ZX Spectrum, microordinador que ja es trobava al mercat espanyol des del 1983.

Sega Master System II versió europea: característiques tècniques

- Segons la remesa, clon de CPU Z80 a 4 mhz.
- ROM: depenent del joc, de 8 a 256 Kb.
- RAM: 8 Kb.
- VRAM: 16 Kb.
- Xip de so: TI SN76489
- Xip de gràfics TMS9918/9928
- Resolució: 256x192 - 256x224 - 256x240 (versions PAL).

Connexions:

- Modulador RF
- Connexió AV/RGB DIN (només en versió japonesa Mark III i SMS I)
- 2 ports comandament Atari variant Sega.
- Botons de reset i pausa (en versió japonesa Mark III i SMS I)
- Slot per a cartutxos.

La majoria de jocs per a Master System van aparèixer en format cartutx. Els cartutxos europeus i japonesos es diferenciaven en el nombre de pins i en la forma. Els cartutxos en versió europea comptaven amb 50 pins i els japonesos únicament amb 44 pins.

Sega Master System - versió europea - 1987

La capacitat gràfica de la SMS era força limitada, en 64 colors i orientada principalment als jocs en 2 dimensions i estil plataforma. Pel que fa al so, el xip de Texas Instruments únicament podia generar so mono.

Tercera Generació – Principals consoles de videojocs

1983 – Sega SG-1000 / Mark III
1983 - Nintendo Famicom
1983 – Nintendo NES
1985 – Sega Master System
1986 – Atari 7800

Principals ordenadors de 8 bits

1980 - Commodore VIC-20
1982 – ZX Spectrum
1982 – Commodore 64
1982 – Apple IIe
1984 – Amstrad CPC Series

Sinclair ZX Spectrum - 1982

2. LA SEVA HISTÒRIA: ÉS LA GUERRA !

Els orígens de Sega

A mitjans de la dècada dels anys 50, David Rosen, excombatent nord-americà a la Guerra de Corea, va fundar al Japó l'empresa Rosen Enterprises, companyia que als seus inicis es va centrar principalment en el món de la fotografia. El seu major èxit en aquells primers anys va ser la importació dels anomenats "fotomatons" al país nipó des dels Estats Units. Després d'aquest èxit inicial, Rosen va decidir realitzar altres importacions de màquines com ara pinballs i Jukebox (màquines de monedes per a la reproducció de música amb discos de vinil).

A mitjans dels anys 60 Rosen Enterprises es va fusionar amb l'empresa Nihon Goraku Bussan, destacat fabricant japonès de màquines de discos de vinil. Bussan Goraku en japonès té un significat similar a "Servei de Jocs", traducció que va donar lloc al nom de Sega (en anglès Service Games).

El 1966, Sega presenta la seva primera màquina recreativa: "Periscope". Es tractava d'una màquina rudimentària però sofisticada per a l'època, que funcionava amb un complicat entramat d'interruptors, relés i llums. La màquina va resultar ser un gran èxit tant al Japó com als Estats Units. Després d'aquest primer èxit amb aquest tipus de màquines, Sega va presentar altres jocs, com "Drivemovile" o "Basketball".

El 1969 David Rosen va decidir realitzar la venda de la seva empresa a la multinacional nord-americana Gulf & Western Inc., encara que Rosen continuaria sent el director executiu de Sega. A principis dels anys 70 Sega va presentar altres jocs mecànics d'èxit com "Lunar Rescue" o "Soccer". Durant aquests anys, Sega també va realitzar la importació de taules americanes de pinball a diferents països, inclòs el Japó.

Després de l'èxit el 1972 per part d'Atari amb el seu joc "Pong", Sega va decidir desenvolupar el seu propi departament de videojocs i fins i tot realitzar algunes importacions, aliant-se amb empreses com Gremlin Industries. A mesura que els jocs electromecànics quedaven en certa manera antiquats, Sega va començar a fer-se un nom a través d'altres jocs arcade com "Zaxxon" o "Turbo", així com amb la distribució de "Frogger" de Konami als Estats Units. La companyia Gremlin Ind. seria absorvida el 1978 per Sega.

Periscope - primera recreativa de Sega - imprès publicitari, 1966

El 1979 Sega Enterprises va decidir fer la compra d'una de les empreses del sector de distribució de jocs d'entreteniment: Esco Trading. El fundador d'aquesta empresa, Hayao Nakayama, esdevindria el director d'operacions de Sega.

A principis de la dècada dels 80, Sega va aconseguir generar grans beneficis amb alguns dels seus jocs de recreatives com "Head On" o "Astro Blaster".

La coneguda crisi del videojoc de 1983 va provocar que diferents empreses del sector experimentessin importants problemes financers que els portarien a algunes fins i tot a la desaparició. Per superar aquella difícil situació, Nakayama i altres directius van realitzar una inversió milionària per salvar la companyia, fet que provocaria el canvi de la seu central dels Estats Units al Japó, quedant únicament una filial americana a la ciutat de Los Angeles.

Durant aquests primers anys dels 80, Nintendo va fer una sèrie d'accions que la van portar a ser líder del sector. Tot i la citada crisi que es va iniciar el 1983, Nintendo va aconseguir realitzar i distribuir amb èxit productes com les petites consoles portàtils anomenades "Game & Watch". També va desenvolupar l'esmentat títol de recreatives "Donkey Kong" de 1981, presentant així per primera vegada des d'aquest joc al seu famós personatge anomenat Mario. I a més, justament el 1983 va obtenir un gran èxit de vendes a diferents països amb la producció de la seva consola de 8 bits coneguda com a Nintendo Entertainment System (NES). També el mateix any 1983 Sega presentava al mercat japonès la seva primera consola de 8 bits: la Sega SG-1000. Dos anys més tard llançaria al país nipó la consola Sega Master System, apareixent el 1986 als Estats Units. A Europa va ser presentada el 1987.

Presentació de Sega Mega Drive

La sòbria i elegant consola Sega Mega Drive va ser presentada per primera vegada al mercat japonès el 29 d'octubre de 1988. És la primera consola de jocs de 16 bits reals de la història, juntament amb la NEC PC Engine/TurboGrafx-16 de 1987, encara que aquesta última utilitzava una CPU de 8 bits modificada. Emmarcada en què s'ha anomenat Quarta Generació de Consoles, Mega Drive va ser el tercer sistema fabricat per Sega i successora de la Master System de 8 bits. Als Estats Units es va presentar el 14 d'agost del 1989 sota el nom de Genesis. Un any més tard, concretament el 30 de novembre de 1990, va aparèixer a Europa. Existeixen diverses creences sobre aquest canvi de nom de la consola a Amèrica del Nord: una és que va ser degut a problemes legals amb el nom original; d'altres, en canvi, es decanten per una decisió d'empresa de la filial Sega

América que va ser aprovada posteriorment per Sega Japó.

Tornant un temps enrere, el 1987 Sega va veure com altres empreses del sector presentaven amb èxit al mercat productes d'entreteniment domèstic, com l´empresa NEC amb la seva PC Engine. Davant d'aquesta situació, van prendre una decisió que canviaria el rumb de la companyia de manera important: fer una adaptació de la seva eficaç placa de videojocs arcade Sega System 16 a un suport apropiat per a la producció d'una consola de 16 bits. Aquests tipus de placa arcade s'utilitzaven a l'època en màquines de videojocs de salons recreatius i bars com a base per a la producció de jocs amb requisits de sistema semblants i que permetia utilitzar-les per a diferents títols. En els primers anys de producció d'aquest tipus de màquines aquest sistema polivalent no era possible.

Durant el procés de disseny de la nova consola, Sega va denominar el seu nou producte com a Sega Mark V. Posteriorment la companyia japonesa va decidir substituir aquell nom comercial pel qual ja és conegut per tots: Sega Mega Drive.

Una agressiva campanya publicitària

Davant la situació que presentava el món dels videojocs a finals dels anys 80 i principis dels 90, amb un clar lideratge a nivell internacional per part de Nintendo amb el seu sistema de 8 bits NES (Nintendo Entertainment System), la companyia japonesa Sega , coneguda sobretot per les esmentades plaques arcade per a màquines recreatives, va decidir emprar un estil de publicitat realment agressiu amb l'objectiu d'intentar prendre aquest lideratge al seu màxim rival.
En aquells anys, el que desitjaven molts nens europeus i sobretot nord-americans era l'esmentada consola de Nintendo de 8 bits, sent el producte infantil més venut al Nadal dels Estats Units el 1988, i que en aquell moment conseguia tenir ni més ni menys que el 98% de la quota de mercat en aquest país.
Sega volia aconseguir cridar l'atenció no només d'aquells nens de la franja d'edat que seguien Nintendo, que era més aviat un públic infantil i preadolescent, sinó també dels adolescents i fins i tot una mica més grans. I ho van aconseguir.
Com s'ha esmentat anteriorment, Mega Drive (Genesis als Estats Units) va aparèixer al país americà l'estiu de 1989. Sega sabia que la tecnologia de la seva consola de 16 bits era superior a la de 8 bits del rival, per la qual cosa un dels objectius de Sega en aquell moment i com ja s'ha esmentat, era prendre a Nintendo el lideratge en vendes que ostentava el seu rival a

Amèrica del Nord. Per això, Sega va decidir contractar els serveis d'un expert en màrqueting al país americà: Thomas Kalinske.

L'exCEO de Mattel i Matchbox i nou responsable de Sega of America va proposar a la directiva japonesa afegir als seus anuncis una cosa realment inusual i sorprenent en la cultura nipona: a més de procurar menysprear el rival, també ridiculitzar-lo. Kalinske va sol·licitar a Sega Japó entre altres aspectes que es realitzés una important rebaixa en el preu de sortida al mercat de la consola.

Kalinske es va basar en els següents principis que va presentar en una important reunió al Japó amb la directiva de Sega, i que va denominar "Pla de Batalla":

- 1. Baixada de preus del producte
- 2. Derrotar a Mario
- 3. Més jocs d'esports
- 4. Producte atractiu per a adolescents
- 5. Riure's i fer broma sobre Nintendo

Al principi algunes d'aquestes premisses van ser preses pels directius japonesos de Sega com una clara ofensa al seu contrincant. Durant la citada reunió al país nipó, el president de Sega Japó per aquell temps, Hayao Nakayama, després de sentir les insòlites propostes del directiu americà, es va aixecar enèrgicament de la seva cadira visiblement molest i va dir:

- No estan d'acord amb res d'això que ens proposa -referint-se a la contrària opinió dels directius japonesos.

Kalinske va pensar en aquell moment que la seva curta carrera dins de la companyia japonesa Sega acabava de finalitzar. Tot i això, Nakayama, que ja havia obert la porta de la sala de reunions amb la intenció d'abandonar-la, va comentar:

- Quan el vaig contractar li vaig dir que vostè prendria les decisions per al mercat americà. Doncs bé, endavant.

Així va ser com es va iniciar la dura campanya publicitària als Estats Units i posteriorment a altres països, amb algunes diferències segons els costums i gustos on s'anunciaven. Aquells "peculiars" anuncis publicitaris intentaven cridar l'atenció d'adolescents i també de nois i noies més grans. Kalinske sabia que si ho aconseguia, altres nens de menor edat i del mateix entorn familiar imitarien els seus germans o familiars propers més grans.

El primer punt del "Pla de Batalla" va ser relativament senzill de realitzar: la consola va reduir considerablement el seu preu inicial tal com havia sol·licitat Kalinske: de 189 a 149 dòlars.

El naixement de Sonic The Hedgehog

Per dur a terme el segon punt del pla estratègic del nou CEO de Sega a Amèrica del Nord, es necessitava un element realment especial: una mascota amb què poder derrotar Mario. Per això Sega Japó va comptar amb el dissenyador de videojocs Hirokazu Yasuhara i el dibuixant i creador de videojocs Naoto Ohshima. Yasuhara es va inspirar per al seu nou projecte principalment en les grans muntanyes russes que existien a ciutats americanes i alguns punts d'Europa. El joc es va desenvolupar abans de l'elecció del protagonista, per la qual cosa el dibuixant Naoto Ohshima va iniciar un estudi per triar el millor personatge. Havia de ser un protagonista una mica atrevit i alhora elegant, i que sobretot fos veloç, condició essencial que imposava Sega per demostrar la gran capacitat de recursos de la seva consola de 16 bits davant de la del seu rival de Nintendo del moment, que era tècnicament inferior. Per això, i coincidint amb un viatge a Nova York, Ohshima va decidir fer diversos dibuixos a llapis mentre es trobava visitant Central Park, i els va mostrar a les persones que per allà passejaven. Als seus esbossos apareixien diversos personatges, entre ells un divertit conill i un elegant i peculiar eriçó. Van triar Sonic, la que seria la nova mascota de Sega.

Sonic The Hedgehog - esbós avançat

Al principi, la nova mascota va ser batejada per Sega Japó amb el nom de Mr. Needlemouse, sent posteriorment descartat i canviat des de la mateixa empresa nipona pel de Sonic.

Inicialment, Sonic presentava en el seu disseny uns trets més atrevits que els coneguts per tots. La imatge de la nova mascota incorporava una sèrie d'elements com ara uns esmolats ullals, una guitarra elèctrica i un collaret de pues. A proposta de Sega of America, i encara que a la seu del Japó no estaven al principi d'acord, aquests elements van ser suprimits, donant així a Sonic una aparença general menys agressiva.

Jocs sobre esports

Per aconseguir portar a terme el tercer punt del pla, Sega necessitava aliar-se amb desenvolupadors de software que tinguessin entre les seves creacions videojocs amb temàtica esportiva. Kalinske pensava que aquell gènere de jocs poc conegut en consoles d'aquell temps podia ser un bon reclam del públic juvenil i també d'un sector de més edat. Per arribar al seu objectiu, entre altres projectes Sega va arribar a un acord de col·laboració amb la companyia americana Electronic Arts i el seu fundador, Trip Hawkins, per al desenvolupament de diferents videojocs del gènere d'esports, després de saber que aquesta empresa nord-americana havia aconseguit realitzar pel seu compte el controvertit procediment d'enginyeria inversa a la seva consola de 16 bits.

Per la seva banda, Hawkins va aconseguir contractar John Madden, aleshores entrenador de futbol americà i comentarista esportiu, com a portaveu i consultor del joc de la seva companyia, i que a més seria el conductor de la sèrie de videojocs Madden NFL. Electronic Arts també desenvoluparia gran quantitat de títols de diferents esports, com la coneguda saga FIFA Soccer a més d'altres gèneres de videojocs per a Mega Drive al llarg de la seva col·laboració amb Sega.

Producte atractiu per als adolescents

El quart punt del "Pla de Batalla" de Kalinske requeria, entre altres elements, una campanya publicitària que havia d'iniciar-se en molts centres comercials mitjançant exposicions i competicions de videojocs. Sega sabia que era un excel·lent lloc per exposar el seu producte tant a nens com a adolescents i joves una mica més grans. Com ja s'ha mencionat, la companyia volia també acostar la consola a un públic diferent del que tenia en aquell moment Nintendo, que eren bàsicament nens d'entre 9 i 13 anys.

Sega també va decidir contractar els serveis de molts estudiants universitaris perquè utilitzessin les consoles i jocs cedits per la mateixa empresa en sales i llocs destinats amb aquesta finalitat a instituts i universitats del país. Això va provocar que molts alumnes d'aquestes universitats s'interessessin, aconseguint així de manera indirecta que els seus germans o familiars més propers de menor edat coneguessin els jocs i la consola de Sega.

A la majoria dels agressius anuncis de Sega Mega Drive que es mostraven a la TV apareixien personatges orientats a un públic juvenil, com jugadors de diferents esports o personatges ambientats en pel·lícules de moda, a diferència dels anuncis de Nintendo, amb un ambient i temàtica més enfocada a un públic més aviat infantil.

Riure's i fer broma sobre Nintendo

L'últim punt del pla de Kalinske va ser sens dubte el més controvertit i el que va generar més polèmica entre els directius japonesos de Sega, ja que aquesta condició imposada pel nou CEO de Sega a Amèrica xocava frontalment amb la cultura i els costums del país nipó, que ho consideraven més aviat un insult al seu directe competidor.

La campanya de publicitat per aconseguir aquest propòsit incloïa imatges en què sovint es ridiculitzava la consola de Nintendo. Per exemple, en un d'aquells anuncis on es volia demostrar la diferència de velocitat de processament entre les consoles de Sega i Nintendo, apareixia en imatge un circuit on apareixien per un costat un vehicle de competició que incloïa a la seva carrosseria la consola de Sega, i d'altra banda una furgoneta de repartiment que transportava a la part posterior la consola SNES de Nintendo. En iniciar-se la cursa, òbviament el cotxe de competició deixava en evidència el lent vehicle de repartiment.

Com a resultat de tot això, a principis dels anys 90 molts nens, adolescents i nois en edat juvenil van preferir com a regal de Nadal una consola Mega Drive en lloc de la que oferia el seu rival.

Nintendo va contraatacar presentant al novembre de 1990 al Japó la seva nova consola de 16 bits anomenada Super Famicom. Posteriorment va ser llançada al mercat nord-americà a l'agost de 1991 i a l'europeu al juny de 1992 amb el nom de Super Nintendo Entertainment System.

Sega Mega Drive: Especificacions tècniques

- Processadors:
CPU principal Motorola 68000 de 16 bits a 7,61 MHz en mode PAL o 7,67 MHz en mode NTSC.

MEGA DRIVE

CPU per so Zilog Z80 de 8 bits a 3,55 MHz PAL o 3,58 MHz NTSC. En mode de compatibilitat amb Sega Master System s'utiliza aquest chip com a CPU principal.

- Memòria:
RAM principal: 64 Kb.
RAM de Vídeo: 64 Kb.
RAM de So: 8 Kb.
ROM: Els primers models de Mega Drive no la incloïen, però posteriors models van incorporar aquesta ROM d'inicio de 2 Kb que mostraba el text "Produced by or under license from Sega Enterprises Ltd.".

- Capacitat dels cartutxos: Normalment els jocs incloïan entre 4 i 16 Mb, encara que alguns dels títols van arribar a tenir una capacitat de 40 Mb.

- Gràfics:
Processador VDP (Video Display Processor) encarrregat de generar i moure els gràfics.
Resolució: 320 x 224, 256 x 224 o 320 x 240 pixels, depenent del joc reproduït.
Paleta de colors: 512, dels quals podia reproducir fins a 61 simultàniament amb una configuració habitual, exceptuant modes especials.
Sprites simultanis en pantalla: 80/64, 20 màxim per scanline.

- So:
Xip de so principal de 6 canals FM Yamaha YM2612.
Xip de so addicional de 4 canals PSG Texas Instruments SN76489.
Àudio 8 bits (intercambiable amb un canal FM).

- Entrades / Sortides:
Connector DIN 8 RGB/Àudio Mono/Video (únicament en Mega Drive I / Genesis I).
Connector Mini-DIN 9 RGB/Stereo/Video (únicament apareix en Mega Drive II / Genesis II).
Modulador RF (en Mega Drive / Genesis I y II).
Auriculares stereo amb regulador (en Mega Drive I / Genesis I).
AUX (connector DE-9), inclòs en les primeres unitats de Mega Drive / Genesis.
2 connexions joystick tipus Atari variant Sega Mega Drive (Conector DB-9 mascle).

Slot de cartutxos en la part superior.

Bus d'expansió (en Mega Drive I/ Genesis I y II), utilitzat per la connexió de Sega Mega-CD.

Com ja s'ha esmentat, Mega Drive va ser la consola que va aconseguir trencar l'hegemonia del moment que en aquells primers anys de la dècada dels 90 pertanyia sobretot en Amèrica del Nord a Nintendo NES, coincidint amb el llançament del també esmentat gran videojoc de Sega: Sonic de Hedgehog (1991). Sorprenentment, la Mega Drive de Sega va ser rebuda al Japó amb poc entusiasme, on com també s'ha citat anteriorment, es trobava consolidada al país nipó la consola PC Engine dels fabricants NEC i Hudson Soft.

Sega Mega Drive + Mega-CD - 1991

A Europa, i en gran part gràcies a la bona acceptació que va tenir la Sega Master System a occident, l'arribada de Mega Drive va ser rebuda amb uns resultats inicials en vendes realment bons. Mega Drive va ser distribuïda al vell continent fins a 1998, venent més de 8 milions de consoles, una xifra similar però no superada per la SNES de Nintendo.

Principals perifèrics apareguts per a Sega Mega Drive

- Sega Arcade Power Stick.
- Sega Power Base Converter: s'introduïa a l'slot per als cartutxos de MD per poder utilitzar els jocs de Master System, tant en format targeta com en cartutx.
- Comandament sense fils.
- Comandament analògic Sega X-1E amb múltiples botons.
- Sega Tap: Adaptador de diferents comandaments per a MD.

Permetia el funcionament de fins a 4 comandaments.
- Sega Menacer: Pistola per a jocs. Incloïa un cartutx amb 6 jocs.
- Activator: Detector de moviments. Creat en un primer moment per a jocs de lluita.
- Sega Network System: Mòdem de connexió a internet.
- Sega Mega CD: Consola-accessori per a Mega Drive
- MD32X: Consola-accessori per a Mega Drive

Un dels països americans amb gran èxit de vendes de Mega Drive durant aquests anys va ser Brasil, molt per sobre del seu gran rival fabricada per Nintendo. L'empresa que va distribuir la consola en aquest país, Tec Toy, també va produir videojocs que van ser venuts exclusivament a Brasil.

Sega Mega Drive / Genesis 32X - 1994

Sonic, l'esmentada mascota de la companyia Sega i de la saga de diferents jocs de l'eriçó, era i és sens dubte l'abanderat d'aquesta consola. Títols com Sonic, Sonic 2, Sonic 3, Sonic Spinball, i Sonic & Knuckles són, en gairebé tots els casos, dels jocs tipus scroll més ràpids que es poden reproduir en una consola de quarta generació.

El 1995 Sega va presentar únicament a Amèrica del Nord la consola Genesis Nomad, una versió de Mega Drive portàtil. El seu hardware era compatible amb tots els jocs de la consola de sobretaula, que a més incloïa una sortida de vídeo per a TV. Podia connectar-se tant en mode portàtil gràcies a les piles tipus AA que incorporava, o bé connectar-se a una televisió per al seu ús en pantalla gran. Va aparèixer únicament als Estats Units i en un curt espai de temps, probablement perquè Sega estava ultimant l'imminent llançament de la seva nova consola: Sega Saturn.

Uns trenta anys després del seu llançament, alguns desenvolupadors segueixen llançant nous jocs per a Sega Mega Drive. Fins i tot alguns s'han comercialitzat en format cartutx, com ara els títols "Miniplanets", "Escape 2042" o l'esperat "Paprium", entre d'altres.

Quarta Generació: Principals consoles de videojocs

1987 – PC Engine / TurboGrafx-16 (amb CPU 8 bits modificada)
1988 – Sega Mega Drive / Sega Genesis
1990 – Nintendo Super Famicom / Super Nintendo
1990 – SNK Neo-Geo

1991 - Philips CD-i (Compact Disc Interactive)

Reproductor multimèdia interactiu desenvolupat i comercialitzat el 1991 per Philips Electronics N.V. compatible amb jocs de 16 bits, al que se li connectaven controls per als seus jocs.

Reproductor multimedia Philips CD-i - 1991

CD-i fa referència a l'estàndard del CD multimèdia utilitzat en aquest cas en mode consola. El reproductor de CD àudio (Compact Disc) va ser creat el 1979 i presentat conjuntament per Sony i Philips el 1982. El primer reproductor Philips Compact Disc Interactive reproduïa discos CD-i, Photo CD, Àudio CD, CD+G (CD+Graphics) , Karaoke CD, i Video CDs (VCD), encara que aquesta última característica necessitava un cartutx opcional segons model, per descodificar vídeo MPEG-1.

Reproductors d'àudio-vídeo compatibles amb Mega Drive

Durant els primers anys de la dècada dels 90, Sega Japó va arribar a un acord amb diferents fabricants de sistemes electrònics d'àudio i vídeo perquè incloguessin en alguns dels seus productes un reproductor/consola compatible amb Mega Drive o Mega CD.

1993 - Pioneer LaserActive

Reproductor Laserdisc i videoconsola presentat al Japó i els Estats Units per la companyia japonesa Pioneer el 1993. Mitjançant una sèrie de mòduls opcionals es podia ampliar el hardware perquè fos compatible amb Mega Drive/Genesis i NEC PC Engine/TurboGrafx-16, tant en format cartutx com a CD.

Pioneer LaserActive - 1993

El LaserActive de Pioneer, reproductor que pel seu elevat preu estava únicament a l'abast d'uns pocs privilegiats, era capaç de reproduir en el format inicial únicament formats LaserDisc i Compact Disc.

1994 - Aiwa Mega CD

Conegut també com Aiwa CSD-G1M, va ser un reproductor d'àudio portàtil del fabricant japonès Aiwa presentat en aquest país, que també era capaç de reproduir jocs de Sega Mega Drive i Mega CD.

Estava format per dos components principals: un radio-CD amb casset i un apartat especial amb el hardware de la consola de Sega. A més, al reproductor d'Aiwa també podia connectar-se la consola Sega 32 X.

Aiwa Mega CD - 1994

Aquest reproductor d'àudio portàtil i jocs de Mega Drive fabricat per Aiwa és un de les més estranys que es van fabricar a l'època, apareixent únicament al país nipó el 1994. Es va produir un nombre d'unitats reduït, per la qual cosa avui dia fa que es tracti d'una peça realment molt buscada entre els col·leccionistes.

3. JOCS BEAT'EM UP I LLUITA

Els anomenats jocs "beat'em up", que poden traduir-se al català com a "lluita contra diferents contrincants" o "jo contra tots els del barri", han tingut i tenen nombrosos adeptes a tot el món. En aquest conegut gènere de videojocs el protagonista es bat a cops amb tots els contrincants que li surten al seu pas. En el cas dels jocs de lluita, el protagonista principal del joc (player 1) s'enfronta en diferents combats a un únic contrincant, bé sent aquest controlat per la CPU de la consola, o bé per un segon jugador (player 2).

En aquest capítol repassarem per ordre cronològic els videojocs beat'em up i lluita que es poden considerar més representatius o rellevants d'aquesta fantàstica consola de 16 bits, amb una breu anàlisi i descripció de cada títol.

1988 Altered Beast

Aquest títol beat'em up-arcade és una adaptació per a Mega Drive de Sega AM7 aparegut el 1988 del clàssic del mateix any, que ja existia a través de l'esmentada placa Sega Arcade System 16 i que es feia servir als salons recreatius.

Encara que de vegades va ser criticat per certa premsa, es va convertir en un element bàsic de l'escena dels videojocs a finals dels 80 i principis dels 90. Probablement la seva gran popularitat a les recreatives es va deure a l'addictiva acció de plataformes beat 'em up del joc, així com al seu especial so. Aquest mític títol de Sega va ser adaptat i inclòs al primer pack a la venda juntament amb la pròpia consola. També va ser adaptat per Sega per ser reproduït en moltes altres plataformes, com ZX Spectrum, Commodore 64, Sega Master System, PC Engine, Famicom/NES, etc.

El joc està ambientat a l'Antiga Grècia i segueix la història d'una "bèstia alterada" ressuscitada per Zeus per fer una ambiciosa recerca a l'inframón. A través del control del protagonista, s'ha de viatjar a les profunditats de l'infern i rescatar la deessa Atenea del seu captor, Neff, tot colpejant i saltant a través de cinc etapes, a més de recollir diversos elements potenciadors i unes boles espirituals al seu camí.

Altered Beast - Sega, 1988

Gràficament, les animacions són realment millorables, ja que únicament és al personatge principal al qual se li han adaptat la major part de les animacions del joc, encara que els escenaris estan força elaborats gràcies al fet que se li van afegir diferents tipus de scroll. Pel que fa als efectes d'àudio, i tenint en compte la capacitat de Mega Drive per reproduir àudio de certa qualitat, també són millorables. En canvi, la música inclosa en el joc supera aquests efectes de so. La jugabilitat és més aviat modesta, amb un nivell de dificultat mitjà, on el protagonista respon correctament a les accions del comandament.

En definitiva, es tracta d'una versió similar encara que inferior a la de les recreatives realitzada per Sega AM7 per a Mega Drive. Tot i estar davant d'una senzilla adaptació, Altered Beast està considerat com un dels emblemàtics beat'em up de la història dels videojocs.

1989 Golden Axe

Igual que l'anterior clàssic Altered Beast, Golden Axe també es tracta d'una altra adaptació realitzada per Sega per a Mega Drive d'un joc ja conegut als salons recreatius. Aquest nou títol de 1989 va suposar una evolució respecte a l'esmentat Altered Beast, en recrear accions dels protagonistes en diferents plans i altres moviments dels personatges.

Golden Axe - Sega, 1989

L'objectiu del joc consisteix a obrir-se camí a través de diverses etapes plenes de bàrbars enemics, amazones, gegants amb martells de guerra, esquelets no morts, etc, en un esforç per derrotar el malvat Death Adder. El títol presenta una sèrie d'enemics i etapes memorables, i el combat és ràpid i receptiu, permetent una bona quantitat de moviments i combos diferents. Juntament amb unes bones animacions, Golden Axe estava ambientat a les pel·lícules d'espases i bruixeria molt populars als anys 80. El títol inclou contundents efectes de so i una emocionant música que acompanya els tres protagonistes al llarg del joc. Dos anys més tard va aparèixer al mercat una segona part d'aquest magnífic títol.

1991 Alien Storm

Aquest nou títol de Sega també va ser una adaptació de les famoses recreatives de la marca japonesa de finals dels 80. Com va passar amb altres títols de l'època, també va ser adaptat per a diferents plataformes com Sega Master System, ZX Spectrum, Commodore Amiga o Atari ST. La versió per a Mega Drive va aterrar al mercat europeu el 1991 en forma d'un beat'em up de ciència ficció força entretingut.

Alien Storm - Sega, 1991

L'objectiu del joc consisteix a combatre una tremenda invasió d'extraterrestres que ha arribat a la terra. L'única esperança de la raça humana són unes forces especials creades sota el nom dels Aliens Busters formada per Karent, Garth i el robot Scooter, encarregats de fer desaparèixer qualsevol ésser extraterrestre que s'encreui en el seu camí.

Tot i que en principi es tracta d'un beat'em up, el desenvolupament del joc és molt variat. Entre les habituals fases pròpies d'aquest gènere n'apareixen d'altres que recorden un shoot'em up en què el protagonista no s'ha de deixar de moure i disparar. En l'aspecte gràfic el joc rendeix a un bon nivell: escenaris variats, bones animacions, efectes correctes amb l'ús de les armes i els diferents atacs i enemics, etc. La música és molt semblant a la de l'original de la recreativa, i els efectes d'àudio són correctes i variats.

En línies generals es pot dir que es tracta d'un joc amb característiques similars al clàssic Golden Axe: tres personatges per triar, power-ups i atacs especials, amb mode cooperatiu i multitud d'enemics. També apareixen una sèrie de nivells pels quals cal avançar destruint aliens, i finalment derrotant un líder o cap alien que apareix al final de cada fase. Aquesta correcta adaptació del videojoc per a Mega Drive incorporava alguns nivells més a batre que a la versió original dels salons de màquines recreatives.

1991 Streets of Rage

Genial videojoc beat'em up desenvolupat per Sega i el primer d'una saga de títols amb el mateix nom. Va aparèixer aquest mític joc com a resposta al domini per part de grans títols del moment com ara "Final Fight" de Capcom.

Streets of Rage - Sega, 1991

Aquest nou joc també llançat per Sega, i que a més no es va tractar de cap conversió arcade, va aconseguir molt bons resultats a revistes especialitzades de l'època. Streets of Rage està considerada com una de les millors sagues de videojocs presentats per a Mega Drive.

La seva història ens situa en una apocalíptica ciutat controlada pel crim organitzat i liderat pel personatge anomenat Mr. X. Tres joves policies,

Axel, Blaze i Adam, intenten lliurar la seva ciutat de la influència del líder del crim organitzat. El títol presenta alguns elements de ciència ficció estil cyberpunk i compta amb una gran banda sonora inspirada en l'estil de música que se sentia als clubs nocturns i discoteques de finals dels anys 80. Axel i Blaze són els únics personatges presents a tots els títols de la saga Street of Rage.

Tècnicament, aquest primer títol és inferior al dels que van continuar a la coneguda saga amb el mateix nom. En aquest aspecte, Streets of Rage II està considerat el millor títol de la saga esmentada i un dels millors videojocs realitzats per a consoles de quarta generació.

1991 Battletoads

Es tracta d'un original beat'em up programat el 1991 per l'empresa japonesa Arc System Works per a Sega, títol que es va distribuir un any més tard a Europa.

Battletoads - Arc System Works, 1991

La història del joc ens trasllada fins al personatge Pimple i la princesa Angèlica, que han estat raptats per Dark Queen mentre passejaven. El professor T. Bird informa del que ha passat a les Battletoads Zitz i Rash, i aquestes decideixen partir cap al planeta Ragnarok per intentar rescatar-los i aconseguir derrotar el malvat personatge Dark Queen.

El seu aspecte tècnic en línies generals és millorable, tant a l'apartat d'efectes de so i música com en qualitat de gràfics, si és comparat amb altres jocs del seu gènere a l'època, encara que la seva jugabilitat és francament molt bona. Battletoads està considerat com un dels videojocs beat'em up per a Mega Drive més difícils de completar. A partir del tercer nivell és realment complicat continuar avançant; la seva dificultat va en augment a mesura que s'aconsegueix assolir els nivells següents.

1992 Double Dragon

Bon clàssic beat'em up creat per Technos Japan el 1987 per a salons de màquines recreatives. Posteriorment va ser adaptat per la companyia nord-americana Accolade per a Mega Drive i distribuït per Taito Corporation el 1992.

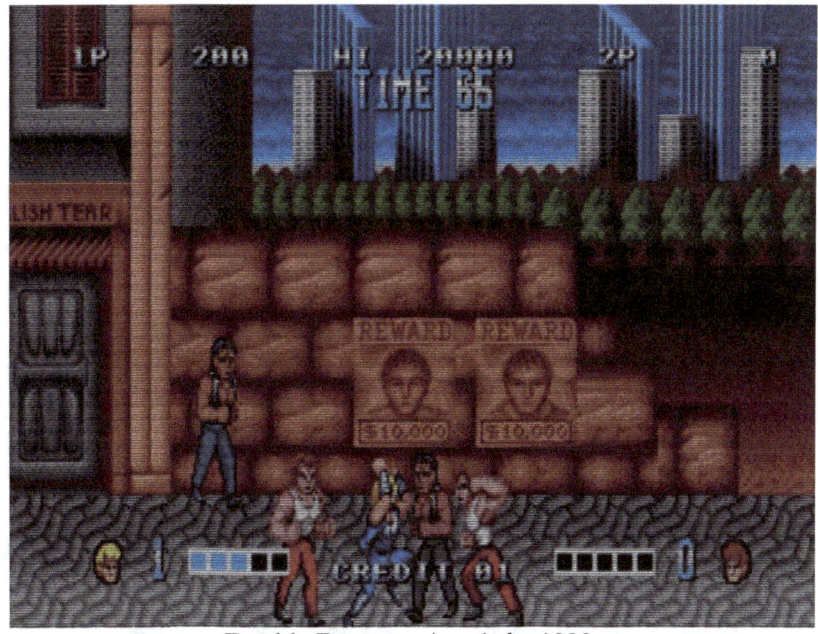

Double Dragon - Accolade, 1992

La seva història narra la destrucció de bona part del món a finals de la dècada dels 80 del segle XX. Als carrers de tota Amèrica del Nord es concentren grups violents que dominen diferents territoris. Una de les bandes més violentes, anomenada Black Warriors, controla el seu barri sense pietat. Els bessons Jimmy i Billy, anomenats els "Double Dragon" i molt ben entrenats al Sojo Sousetsuken, seran els valents protagonistes que s'enfrontaran a la temuda banda Black Warriors.

Tècnicament el títol és semblant al de la versió de les recreatives. Els gràfics del joc estan ben realitzats, encara que els moviments dels personatges en general són millorables.

Pel que fa a l'àudio, la música del joc també és similar a l'arcade, juntament amb uns modestos efectes de so.

La jugabilitat del títol és bona, amb un nivell de dificultat a l'alçada de la versió arcade. En conclusió, la desenvolupadora americana Accolade va fer una bona adaptació de l'original dels salons recreatius.

1992 Splatterhouse 2

Original títol beat'em up exclusiu per a Sega Mega Drive i Genesis. Desenvolupat per Now Production per a Namco el 1992.

Splatterhouse 2 - Now Production, 1992

Rick, el protagonista del joc, haurà de rescatar la seva nòvia que ha desaparegut misteriosament. Per això utilitzarà una màscara que li atorga poders sobrehumans i que l'ajudarà a combatre una gran quantitat de monstres a través de tenebroses estades lluitant contra aquests enemics que constantment apareixen.

Depenent de la remesa distribuïda de la versió europea del joc, apareixen algunes diferències en la introducció i també en l'aspecte de Rick. Per exemple, es va decidir canviar la màscara d'hoquei per una màscara blanca d'esquelet. A la versió japonesa també es van produir alguns canvis.

En l'aspecte gràfic, els sprites del protagonista i dels contrincants són realment grans tot i que l'animació en general no és gaire àgil, encara que els moviments de Rick i els efectes gràfics dels enemics quan són abatuts durant la lluita són francament bons.
El so del videojoc és millorable, com ara els sons utilitzats per a certs atacs i algunes veus.
Pel que fa a la jugabilitat, és divertit i no excessivament exigent. Hi ha diferents nivells de dificultat, amb la possibilitat de guardar la partida mitjançant password.

1992 Two Crude Dudes

Aquest beat'em up de Data East Corp. va ser presentat al Japó el 1990 amb el nom de "Crude Buster" i dos anys més tard a Europa com "Two Crude Dudes", encara que en els crèdits del videojoc en versió europea aparegui l'any 1991 com a data de creació.

L'acció del joc se situa l'any 2010 a Nova York. Una sèrie d'explosions nuclears deixen la ciutat en ruïnes. Davant d'aquesta situació, una banda de gàngsters anomenada Big Valley aconsegueix el control de tota la ciutat. El govern americà decideix llavors contractar els serveis dels dos protagonistes: dos personatges amb estil punk que es transformaran en mercenaris per intentar eliminar la temuda banda.

Estem davant d'un clàssic beat'em up que presentava una novetat força original: amb aquest títol es va aconseguir fer un pas més en la interacció dels protagonistes amb l'escenari. Es podien aconseguir gran quantitat d'objectes que apareixien durant la partida per usar-los com a arma llancívola. Aquests objectes podien ser des de fanals, anuncis publicitaris, galledes d'escombraries fins a cotxes, i fins i tot gran varietat de personatges que podien ser llançats contra altres enemics.

Two Crude Dudes - Data East Corp, 1992

Els gràfics del joc estan ben elaborats, amb tots els personatges molt ben definits i també amb bones animacions. Mostra uns efectes de so correctes i una música una mica millorable. Encara que presentava una jugabilitat correcta, aquesta adaptació exclusiva per a Mega Drive es va situar en termes generals una mica per sota de la versió original que s'oferia als salons de màquines recreatives de l'època.

1993 Captain America and the Avengers

Nou beat'em up creat també per Data East Corp. per als salons de recreatives el 1991, encara que la versió per a Mega Drive no arribaria fins a dos anys més tard, malgrat que en els crèdits del joc per a Mega Drive figurava l'any 1992.

Red Skull, l'enemic a batre en el joc, ha reunit un grup de malvats i altres delinqüents amb l'objectiu d'apoderar-se del món. A més de lluitar contra aquests enemics, el protagonista també haurà d'enfrontar-se a altres personatges com Whirlwind, Klaw, Grim Reaper, Juggernaut o Ultron, entre d'altres.

L'apartat gràfic és millorable tot i que els moviments dels personatges són ràpids i els enemics són variats i estan ben realitzats. La banda sonora i els efectes de so tenen una qualitat acceptable. Els moviments de tots els personatges responen correctament als controls del pad de Sega. D'altra banda, la jugabilitat és realment bona, i és un títol realment divertit i amb una dificultat moderada.

Captain America and The Avengers - Data East Corp, 1993

Tot i les evidents limitacions tècniques del joc, Captain America and The Avengers està considerat per la seva diversió i jugabilitat com un dels millors títols beat'em up/acció desenvolupats per a Mega Drive.

1993 Eternal Champions

Títol de lluita original de Sega presentat a Europa el 1993. El joc va ser precedit per una gran campanya publicitària per part de Sega, en un intent per destronar jocs del moment com "Street Fighter" o "Mortal Kombat". Es tracta d'un joc de lluita complet que en més d'un aspecte es va avançar a la seva època.

La història se situa en un futur llunyà, on el guerrer conegut com a Eternal Champion observa impotent com el seu present es corromp i destrueix a causa de les successives guerres que han destruït el seu món, i on la tecnologia ha aconseguit imposar-se a l'ésser humà. El Campió Etern tan sols té poder per efectuar un canvi en la història, un que sigui capaç de modificar el futur cap a una mica menys catastròfic. Per això, escull lluitadors de diferents èpoques que sabia que moririen en combat. Un d'ells podrà tornar amb el poder de canviar el seu destí i tota la línia del temps. El Campió Etern organitza un torneig de lluita on tots aquests guerrers hauran de competir per salvar la vida.

Eternal Champions - Sega, 1993

Eternal Champions va ser un títol que no provenia d'un arcade, sinó que era un joc específicament dissenyat per a Mega Drive. Això es va traduir en gran quantitat de modes de joc, inclòs un mode pràctica. Això és habitual actualment, però poc comú en el seu temps. Aquest mode entrenament va ser molt útil per aprendre a fer servir el joc.

El nivell de gràfics i so d'aquest títol és realment bo. Els personatges apareixen en grans dimensions i amb bones animacions, dins d'uns escenaris ben dissenyats i amb grans colors. L'àudio està ben desenvolupat, incloent-hi una música ben composta juntament amb un gran repertori d'efectes de so. A l'apartat de jugabilitat, Eternal Champions és un dels grans títols de lluita de Mega Drive més difícils de dominar.

En definitiva, Eternal Champions pot considerar-se com un dels millors títols de lluita per a Sega Mega Drive.

1993 Mortal Kombat

Clàssic joc de lluita creat per Midway el 1992 i adaptat per la companyia britànica Probe Software per a Mega Drive el 1993. Aquest títol va representar el primer joc de la saga del mateix nom.

La història ens situa en una misteriosa illa dels mars de la Xina on se celebra un gran torneig mundial conegut com a Mortal Kombat, on participen personatges com Shang Tsung, Kung Lao i Goro. Al torneig entren en combat els més grans lluitadors de la Terra, que s'enfrontaran contra els adversaris de l'Outworld.

Mortal Kombat - Probe Software, 1993

Pel que fa als seus gràfics, els personatges es van dissenyar amb gràfics digitalitzats, de manera que cadascun dels lluitadors eren actors reals als quals se'ls va fer una captura digital de moviments ben realitzada, augmentant així el realisme del títol. En aquest aspecte, la versió per a Mega Drive d'aquest joc és correcta, malgrat tenir un nivell gràfic, i sobretot de so, inferior a l'original.

La jugabilitat és francament bona, acostant-se força a la versió original. A més, compta amb els finals creats inicialment de la versió per a recreatives. A través d'un petit truc es podia activar un mode de joc més agressiu, tema que al seu dia va ser força criticat a causa de les imatges de violència i sang que apareixien en força moments del joc.

1993 Teenage Mutant Hero Turtles: The Hyperstone

Títol beat'em up/acció de desplaçament lateral llançat en 1992 per Konami per a Sega al Japó com "Teenage Mutant Ninja Turtles: Return of the Shredder". Un any més tard va aparèixer a Europa com "Teenage Mutant Hero Turtles: The Hyperstone".

En aquest joc la història ens situa en el moment en què la reportera April O'Neil es troba informant des de Liberty Island quan, en un fort i sobtat cop de llum, la seva audiència i ella mateixa són testimonis de com l'illa de Manhattan comença a encongir-se sobtadament. El malvat Shredder segresta les emissores de ràdio i anuncia al món les seves intencions d'apoderar-se del món. Les Tortugues Ninja hauran de combatre Shredder per evitar que es realitzin els seus objectius.

És un títol francament molt ben realitzat; un joc que en molts aspectes guarda una gran semblança amb l'arcade "Turtles in Time". A l'apartat tècnic, el títol conté uns gràfics tant dels escenaris com dels protagonistes i enemics molt ben realitzats.

Teenage Mutant Hero Turtles: The Hyperstone - Konami, 1993

Pel que fa al so, la música i els efectes són correctes, molt semblants als utilitzats en altres plataformes com Super Nintendo. La jugabilitat és francament bona. Els moviments de les protagonistes són àgils i senzills de controlar, incloent un mode de joc amb menys nivells però amb fases més extenses que les que conté l'arcade Turtles in Time.

1994 Dragon Ball Z: L'Appel du Destin

Aquest especial títol de lluita desenvolupat per Bandai va aparèixer al Japó a la primavera de 1994 sota el nom de "Dragon Ball Z: Buyū Retsuden". Uns mesos després d'aquell mateix any ho feia a França i Espanya sota el nom de "l'Appel du Destin".

Dragon Ball Z: L'Appel du Destin és un joc que guarda similituds amb el títol "Street Fighter II". Els jugadors han de lluitar en diferents escenaris contra altres personatges en tornejos un contra un. Quan un jugador aconsegueix esgotar la barra de salut de l'oponent, guanya el combat. El joc ofereix dos modes de joc: Història i Combat, on apareixen fins a 11 diferents personatges, entre ells: Goku, Gohan, Krillin, Vegeta, Freezer, Likum o Ginyu.

Dragon Ball Z: L'Appel du Destin - Bandai, 1994

Pel que fa al nivell de gràfics, són acceptables, tot i que cal dir que aquest títol exigeix un esforç especial a la CPU de la consola, sobretot en el mode pantalla dividida. Pel que fa al so, el títol posseeix una gran banda sonora; en canvi, els efectes de so són una mica més discrets. La jugabilitat de títol és força bona, amb una dificultat mitjana/alta. Els personatges compten amb diferents atacs com a cops físics, petites boles d'energia o accions tipus Kame Hame i alguns cops secrets.

1994 Mighty Morphy Power Rangers

Títol beat'em up presentat per Sega i desenvolupat per la companyia japonesa Banpresto el 1994.

La història narra les aventures d'uns estudiants d'arts marcials que de sobte es troben amb una invasió de monstres malèfics que destrossen la ciutat. Una forma sobrenatural els atorga uns vestits amb una sèrie de superpoders que utilitzaran per intentar combatre els nous enemics.

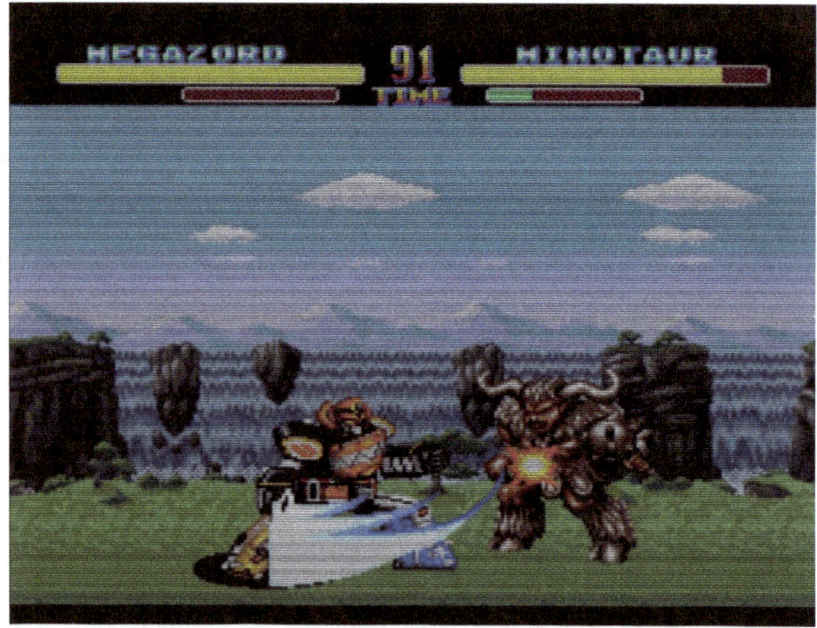

Mighty Morphy Power Rangers - Banpresto, 1994

A l'apartat gràfic, els escenaris que apareixen no són gaire variats. Els sprites i les animacions dels personatges, tant dels Powers Rangers com dels monstres, s'han realitzat de forma correcta, malgrat que els monstres hagués estat recomanable que haguessin tingut una mida una mica superior a la dels Rangers.

Pel que fa al so, la banda sonora i els efectes que reprodueixen els cops en els combats, encara que una mica irregulars, són acceptables.

1994 The Death and Return of Superman

Es tracta d'un beat'em up desenvolupat per Blizzard Entertainment i publicat el 1994 per Acclaim a Europa.

La història comença amb l'aparició del malvat Doomsday a la ciutat de Metròpolis. Una sèrie de personatges amb grans poders intentaran reemplaçar Superman per portar la pau a la ciutat, entre ells, Superboy, Steel, Eradicator o Cyborg Superman.

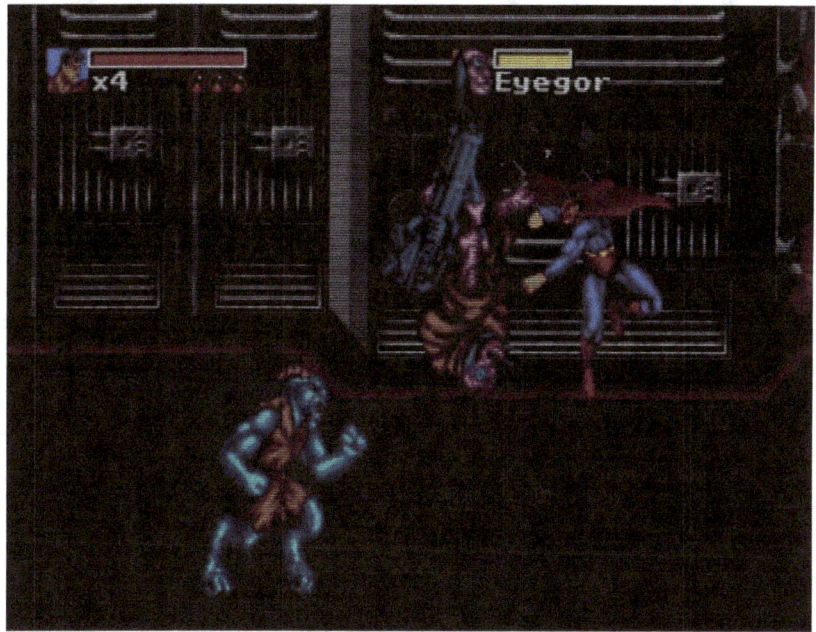

The death and Return of Superman - Blizzard Entertainment, 1994

Gràficament el títol és realment bo. The Death and Return of Superman utilitza una vista de desplaçament lateral en 2D. Tots els personatges inclouen nombrosos i contundents moviments, mostrant unes animacions realment vistoses. En canvi, els escenaris no resulten estar a la mateixa alçada; en alguns moments apareixen buits i mancats en detalls. El so en línies generals és més aviat discret; és acceptable tant en música com en efectes especials. El títol que únicament està en mode un jugador, inclou força nivells a superar i una dificultat mitjana.

Es calcula que no van aparèixer al mercat europeu moltes unitats d'aquest joc; aquest és el motiu que fa que aquest títol sigui un dels més buscats i valorats per molts col·leccionistes de videojocs.

1995 Comix Zone

Videojoc beat'em up programat el 1995 per Sega Technical Institute i distribuït per Sega a Europa el mateix any.

Comix Zone - Sega Technical Institute, 1995

El títol narra la història de Sketch Turner, que està treballant com a dibuixant en un projecte anomenat The Comix Zone, sobre l'intent de New World Empire de conquerir la terra amb l'ajuda d'una invasió extraterrestre. Durant una tempesta, el malvat principal del còmic anomenat Mortus escapa i fa que Sketch sigui absorbit dins del mateix còmic. Coneix Alissa Cyan, la líder de la resistència contra els mutants. Mortus intentarà destruir Sketch des del món real dibuixant enemics tot tractant de fer real el procés. Sketch intentarà sortir del seu propi còmic i derrotar Mortus.

En el tema gràfics no hi ha precedents per a aquesta consola. Sega Technical va dissenyar uns grans sprites amb genials animacions, preciosos escenaris que simulen ser pàgines de còmic i un disseny de personatges molt actual per a aquella època. En definitiva, gràfics de millor qualitat als que estàvem acostumats a veure anteriorment a la consola. Pel que fa al so, apareix una bona sèrie de melodies de guitarra realitzades a través de les limitacions del xip de so, que intenten acostar-se a l'ambient de l'època. També inclou unes digitalitzacions correctes de les veus principals i uns efectes de so que recorden els d'altres títols anteriors. Pel que fa a la seva jugabilitat, és realment bona. S'aconsegueix un bon control del personatge, que és força senzill i alhora efectiu.

1995 The Punisher

Excel·lent beat'em up procedent dels salons recreatius desenvolupat per l'empresa nord-americana Sculptured Software i presentat per Capcom a Europa el 1995.

The Punisher - Sculptured Software-Capcom, 1995

La història se centra en el personatge de Marvel Comics anomenat Frank Castle, que veu com la seva dona i els seus fills són assassinats a mans de la màfia per haver estat testimonis d'un crim. És llavors quan Castle decideix emprar una calavera blanca com a símbol i transformar-se en l'antiheroi anomenat The Punisher. Aquest personatge inicia una decidida aventura contra tots els mafiosos de Nova York, i fent servir uns mètodes realment molt agressius es dedicarà a perseguir-los fins acabar amb ells.

A nivell de gràfics, la mida dels sprites és més reduïda que en la versió arcade, així com el detall tant dels propis personatges com d'escenaris, encara que estan força detallats i amb uns tons de colors correctes. Tot i la inferior mida dels sprites, es va aconseguir per part de Sculptured Software un bon disseny de personatges i unes àgils animacions. Pel que fa al so, els detalls de les melodies i efectes després de l'adaptació també és inferior que a la versió arcade de les recreatives, possiblement per les limitacions de la mateixa consola, encara que en algun aspecte podrien haver estat millorats.

En resum, es tracta d'un magnífic títol beat'em up, del grup d'aquells que els col·leccionistes realment anhelen, ja que estem davant d'un joc del qual van sortir a la venda al seu dia un nombre reduït d'unitats si el comparem amb altres distribucions per Mega Drive, essent un dels motius pel que en els darrers anys s'hagi revaloritzat de manera considerable.

4. JOCS SHOOT'EM UP

Els "shoot'em up" o "matamarcians" pertanyen al famós gènere de videojocs en què el jugador controla un personatge o un únic objecte volador, generalment una nau espacial, avió o algun altre vehicle, amb el qual ha de disparar als diferents enemics que van apareixent durant la partida.

En aquest quart capítol es fa un repàs, també per ordre cronològic, dels videojocs shoot'em up per a Mega Drive que es poden considerar més rellevants, amb una breu anàlisi i descripció de cada títol.

1989 Truxton

Títol conegut a Japó com "Tatsujin", és un joc programat per Toaplan i publicat i distribuït per Taito per als salons recreatius el 1988, sent adaptat a Mega Drive un any més tard.

La nau protagonista ha de destruir tots els enemics que apareguin a la pantalla alhora que ha d'esquivar els projectils que es llancen. Al final de cada nivell apareix un enemic principal de fi de fase, amb altres enemics de nivell inferior que apareixen aleatòriament. La nau del protagonista comença amb una arma bàsica; a base de power-ups és possible millorar-la, juntament amb atacs especials que destrueixen els enemics presents a la pantalla.

Tècnicament estem davant d'un gran joc. Els seus gràfics estan una mica per sota de la versió de recreativa, encara que guarda un aspecte general similar. El disseny de la nau protagonista i els enemics estan ben realitzats, a més dels fantàstics efectes que acompanyen els trets i atacs dels enemics.

Els escenaris són variats, amb un bon detall i ambientació. Pel que fa al so, compta amb una correcta banda sonora amb melodies musicals de bon nivell, juntament amb uns efectes de so de qualitat.

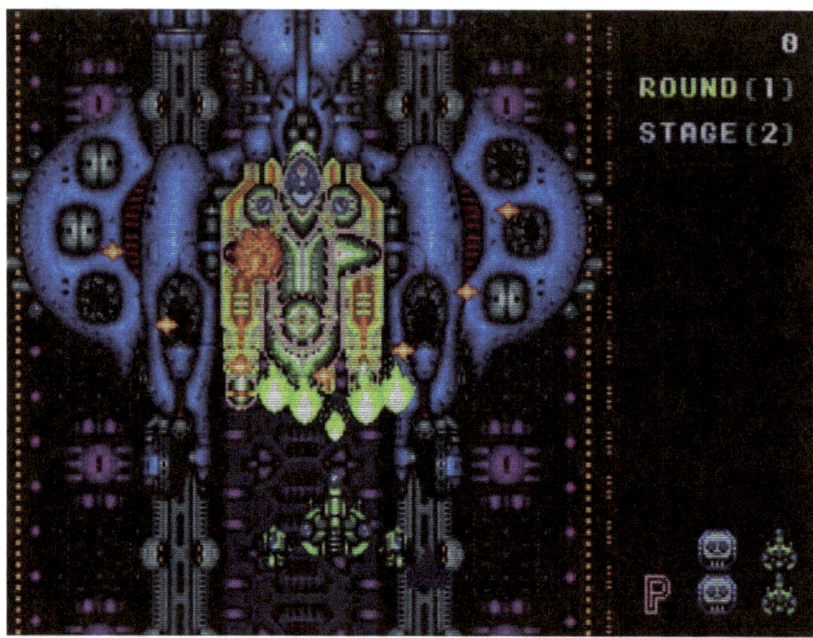

Truxton - Toaplan, 1989

A l'apartat de jugabilitat, és un shoot'em up vertical divertit i realment addictiu, amb què es pot aconseguir un àgil control sobre la nau protagonista, que respon perfectament des del pad. Aquesta versió per a Mega Drive compta amb un sistema d'extensió del joc correcte. El nivell de dificultat d'aquest títol de Toaplan és més aviat alt en línies generals.

1990 Fire Shark

Videojoc presentat originalment el 1989 al Japó com "Shark! Shark! Shark!". Es tracta d'un títol original de màquines recreatives també programat per l'empresa japonesa Toaplan i distribuït a Europa per Sega en versió per a Mega Drive el 1992, encara que a la contraportada del títol es va anunciar com a presentat l'any 1990.

A l'apartat tècnic, Fire Shark en aquesta versió per a Mega Drive ha mantingut un nivell similar al de la seva versió original per a recreatives.

Fire Shark - Toaplan, 1990

Encara que els seus gràfics com el seu apartat sonor no és que sigui molt brillant, sí que resulta un joc realment divertit i amb una molt bona jugabilitat, amb uns moviments de l'aeronau protagonista àgils i precisos.

En resum, es pot dir que Fire Shark és un dels millors títols del gènere shoot'em up de scroll vertical per a Mega Drive.

1990 Hellfire

Títol creat conjuntament per NCS i Toaplan el 1989 per al seu ús inicialment en salons recreatius. Un any més tard seria adaptat per a Mega Drive també per aquestes dues empreses i lliurat a Sega per a la seva distribució a Europa.

La història ens situa a l'any 2998. Una temible força anomenada Black Nebula s'està apoderant de la galàxia, i el seu líder Super Mech exigeix la rendició de la Federació Espacial. És aleshores quan entra en escena el caça de combat CNCS1, una nau súper secreta capaç d'atacar per sorpresa les forces de Super Mech. Aquesta nau suposa la darrera oportunitat de llibertat per a la humanitat.

A l'apartat gràfic, destaca l'originalitat del particular sistema d'armament amb què compta la nau protagonista, que permet escollir entre quatre tipus de trets: frontal, des del darrere, o quàdruple en diagonal. També es pot disparar des de la part superior o inferior de la nau.

Hellfire - NCS/Toaplan, 1990

Pel que fa al so, aquest títol inclou una gran banda sonora, amb bona música des del primer al darrer nivell. Pel que fa a la seva jugabilitat, ens trobem davant d'un àgil shoot'em up força divertit i amb un nivell de dificultat de joc mitjà-alt.

1990 Phelios

Bon títol i original shoot'em up vertical desenvolupat i distribuït per Namco el 1990 per a Mega Drive, que dos anys abans presentava en la seva versió inicial per als salons recreatius.

El protagonista és Apol·lo, el déu del sol, que al costat del llegendari cavall alat Pegaso ha de rescatar la seva amant Artemis, deessa de la lluna, de les urpes de Tifó. El joc mostra una Artemis que actua com una princesa, encara que a la mitologia grega ella era realment la deessa de la caça i Apol·lo el seu germà bessó.

A l'apartat de gràfics, Phelios conté uns escenaris correctes i uns personatges en general ben definits, encara que millorables especialment en aquesta versió. En quant al so, no destaca especialment pel que fa a la banda sonora. Inclou uns efectes de so correctes, encara que més aviat escassos.

Phelios - Namco, 1990

A l'apartat de jugabilitat, el títol disposa de dos nivells de dificultat, encara que el nivell bàsic no permet arribar fins al final de la història.

1990 Twin Hawk

Originalment presentat al Japó amb el nom de "Daisenpuu", va ser presentat en salons recreatius per Toaplan en 1989. Va ser adaptat per a Mega Drive per Sega en 1990 i distribuït exclusivament al Japó i Europa.

És un shoot'em up bèl·lic on apareixen vaixells, tancs i altres elements de guerra. La història enfronta els països ficticis de Gorongo i Fuangania en una cruenta guerra. Fuangania aparentment no posseeix absolutament cap avió, mostrant una gran debilitat. El president de Gorongo, anomenat president Bratt, envia la força aèria especial Big Whirlwind, que controla el protagonista del joc, per acabar amb els efectius de Fuangània.

La versió del joc per a Mega Drive al seu apartat gràfic té algunes diferències respecte a la versió de recreatives, sent una mica més senzill en el seu disseny.

En canvi, el so en general gairebé no ha patit canvis després de l'adaptació per la consola, tant en la música com en els efectes de so, que són acceptables.

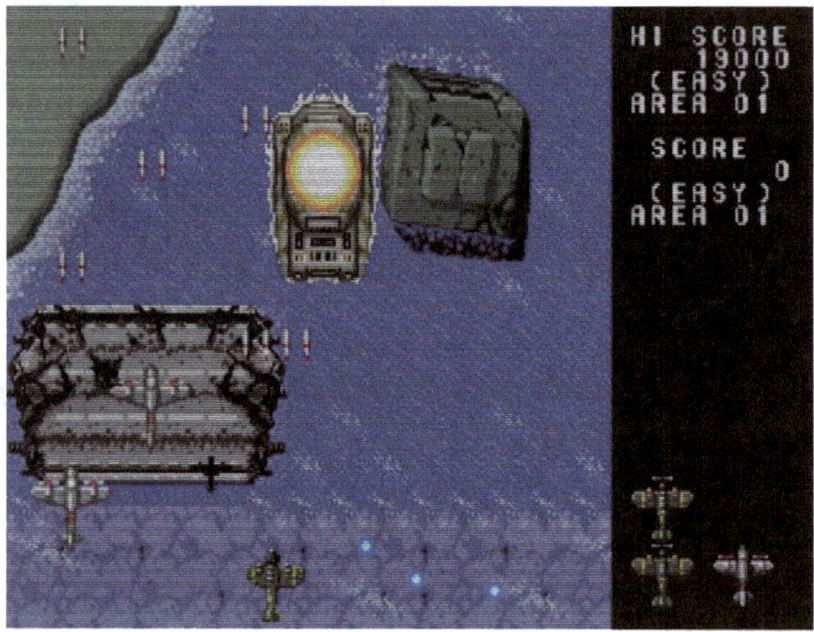

Twin Hawk – Toaplan, 1990

Twin Hawk és un dels jocs més senzills en el seu disseny general presentat per la desenvolupadora Toaplan, cosa que sorprèn força ja que aquest títol va aparèixer posteriorment a altres com per exemple Truxton.

Tot i això, Twin Hawk inclou una sèrie d'elements interessants que el diferencien: no hi ha descansos durant el joc i transcorre en bona part a un alt nivell; a més únicament apareixen enemics terrestres i marins contra els quals lluitar, entre altres elements.

La seva jugabilitat és bona tot i ser un títol una mica lent en general. El seu nivell de dificultat és més aviat mitjà-alt.

Destaca en el joc la capacitat de convocar una formació de sis avions de defensa similars al del protagonista, que disparen conjuntament i fins i tot bombardegen en picat l'enemic més proper.

1991 Arrow Flash

Es tracta d'un molt bon shoot'em up de scroll horitzontal programat i distribuït per Sega al Japó el desembre del 1990, apareixent a Europa un any més tard.

La història ens narra les intencions del dolent Zorgon V, que està intentant per tots els mitjans aconseguir l'ambiciós projecte del doctor Schwinn per produir una màquina del temps. El doctor també ha treballat en el disseny d'una nau de combat espacial que pilotarà la seva filla Anna per intentar arribar fins a Zorgon V i intentar destruir-lo.

Arrow Flash - Sega, 1991

L'apartat tècnic és més que correcte. Un element que diferencia clarament aquest joc dels altres és la capacitat de la nau del protagonista d'adoptar dues formes diferents en qualsevol moment. Una és la clàssica nau espacial amb un disseny similar al d'altres títols shoot'em up, mentre que l'altra és la d'una mena de robot. Depenent de la forma que s'esculli, es podrà fer servir un tipus de tret o un altre.

Pel que fa als seus gràfics, estan ben realitzats, amb enemics variats i grans líders finals, a més de bons efectes de llum per a les explosions i míssils disparats. Una mica més modestos són alguns dels escenaris, encara que són variats. A l'apartat sonor, la música que apareix està ben composta i s'adapta correctament als diferents escenaris. Els efectes de so del joc són en general correctes.

En quant a la seva jugabilitat, el control del joc és senzill, com ja és habitual en aquest tipus de títols, permetent disparar i canviar l'aspecte de la nau de manera àgil i còmoda, amb una resposta correcta del comandament de Sega. El joc té una extensió moderada i una dificultat no excessivament alta comparant-ho amb altres títols apareguts per Mega Drive del mateix gènere.

1991 Gynoug

Conegut a Amèrica del Nord com "Wings of Wor", Gynoug és un shoot'em up de desplaçament vertical desenvolupat per Masaya i presentat per NCS Corp. el 1991.

La història ens situa al planeta Iccus, que està sent atacat per una sèrie de monstres mutants provocats per l'aparició d'un virus que està destruint aquest planeta, i enviats per un personatge conegut com El Destructor. L'única esperança del planeta Iccus és Wor, el guerrer alat amb màgics poders que haurà d'utilitzar per acabar amb tota l'horda de terribles monstres i arribar fins als mateixos inferns, on es troba l'autèntic origen del mal.

A l'apartat gràfic tant els efectes com el disseny d'escenaris i personatges són força vistosos i poc habituals, on per exemple destaquen els grans líders del final del joc, que semblen haver estat extrets d'una bona pel·lícula de terror.
Pel que fa al so, la banda sonora s'adapta perfectament al bon estil que mostra el títol, amb moments animats i alhora sinistres que apareixeran durant tot el joc. No obstant això, els efectes de so en línies generals són millorables.

Quant a la jugabilitat, el joc inclou un únic nivell de dificultat que és força alt.
Pel que fa a la velocitat de moviments del protagonista, en un primer moment és una mica lenta, encara que és possible augmentar-la recollint una sèrie d'objectes especials al llarg de les diferents fases del títol desenvolupat per Masaya.

Gynoug – Masaya, 1991

No va aparèixer cap seqüela per a aquest especial shoot'em up de Mega Drive, encara que es pot dir que sí que va aconseguir un petit lloc en la història dels videojocs gràcies a la seva curiosa col·lecció de monstres i estranys éssers.

1992 Bio Hazard Battle

Gran títol shoot'em up lateral presentat al Japó amb el nom de "Crying: Aseimei Sensou" i presentat en versió per a Sega Mega Drive i per a la plataforma arcade Sega Mega Play el 1992. Aquest títol shooter comparteix una gran semblança en general amb el joc de PC Engine "Terraforming" de Syd Mead. L'any 2007 aquest títol va estar disponible en una versió per a la consola Wii de Nintendo.

La història ens situa en una primera guerra biològica mundial, on es llença una nova i poderosa forma de retrovirus com a atac mortal de l'enemic. Aquests virus han desfermat unes forces biològiques que no s'han pogut aturar, deixant el planeta ple de noves formes de vida. Només uns quants supervivents romanen en estat de vida suspesa a O.P. Odysseus, una plataforma en òrbita que envolta Avaron.

MEGA DRIVE

Bio Hazard Battle – Sega, 1992

El propòsit de l'estació espacial és mantenir amb vida els humans supervivents fins que Avaron torni a ser habitable. La tripulació de l'Odysseus, juntament amb quatre vaixells orgànics coneguts com els "Biowarriors", han estat congelats en tancs criogènics durant centenars d'anys, i ara l'ordinador de bord ha decidit despertar-los. Les sondes informàtiques mostren que les condicions a Avaron són realment hostils però habitables. Els Bioguerrers són enviats a Avaron per explorar les àrees que les sondes han designat com a menys hostils, determinar les condicions del planeta i finalment trobar una nova llar per als supervivents restants.

Gràficament, Bio Hazard Battle presenta uns esplèndids escenaris i animacions, amb obstacles i sprites ben definits i correctament acolorits.

A l'apartat de so, el desenvolupador ha utilitzat hàbilment una sèrie de pistes de música que inclouen uns intensos greus tant en primer com en segon pla, a més d'uns efectes de so realment ben aconseguits.

Quant a la seva jugabilitat, el desplaçament i el moviment de l'enemic és molt més ràpid en comparació amb altres jocs de la seva època, passant a través de vuit nivells diferents i augmentant cadascun d'ells en dificultat.

1992 Empire of Steel

Originalment presentat al Japó amb el nom de "Koutetsu Teikoku", i també conegut en anglès com The Steel Empire, és un divertit títol shoot'em up de desplaçament lateral presentat per Acclaim Entertainment per a Mega Drive el 1992.

El joc està ambientat a finals del segle XIX, situant l'acció entre l'Imperi de Mortorhead i la República de Silverhead. Els avions, l'armament, els escenaris, els enemics i els líders del joc apareixen realment molt estilitzats, amb elements i un clar estil steampunk. Els avions amb hèlix, dirigibles i trens de vapor blindats amb enormes canons són protagonistes. El joc es troba en part inspirat en una interessant pel·lícula d'animació japonesa d'Haiao Miyazaki titulada "El Castell al Cel".

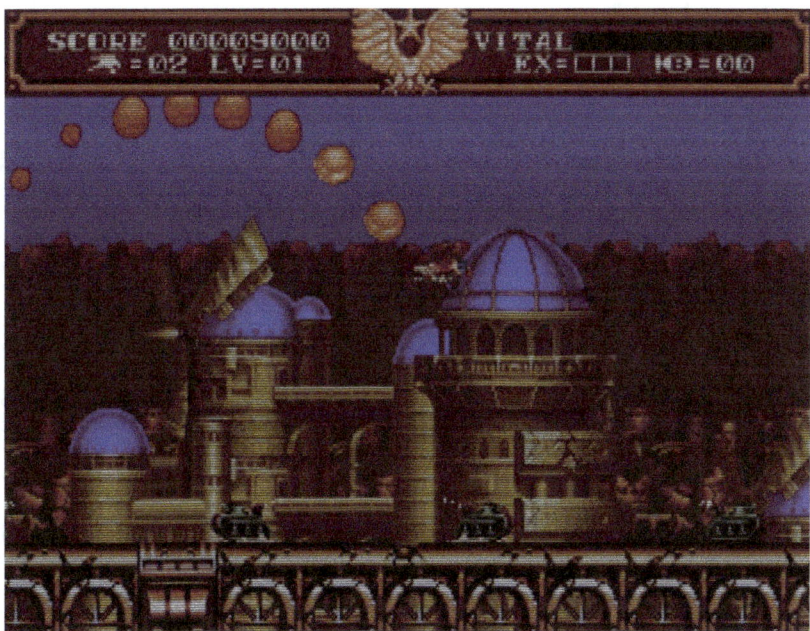

Empire of Steel - Acclaim Entertainment, 1992

Els dissenys dels protagonistes i de les naus són realment originals i molt ben dissenyats, on destaquen les enormes naus i alguns líders o caps. Els escenaris són variats, ben definits i ambientats, recreant molt bé el citat entorn steampunk.

Pel que fa al so, inclou fantàstics efectes especials, com ara el so en fer servir les diferents armes. La banda sonora inclou variada música i de bon gust.

A l'apartat de jugabilitat, el control de les dues diferents naus no és complicat en estar correctament assignat, aconseguint unes bones respostes del pad. Compte amb diferents fases de joc i una dificultat realment alta. Sens dubte, uns dels grans títols per a Mega Drive.

1992 Thunder Force IV

Thunder Force IV és l'últim títol de la coneguda saga presentat per a Mega Drive, encara que la tercera part del joc no es va distribuir a Europa. Es tracta d'un shoot'em up programat per Technosoft i que va aparèixer al continent europeu el 1992. Es tracta d'un joc amb una gran qualitat tècnica i molt jugable, convertint-lo en un dels millors shooters de la història i probablement el millor per la consola de Sega.

La història del joc ens situa a l'Imperi Orn, que segueix amb el seu objectiu principal d'intentar acabar amb la raça humana. Els protagonistes del joc, els pilots Thunder Force, lluitaran per impedir-ho.

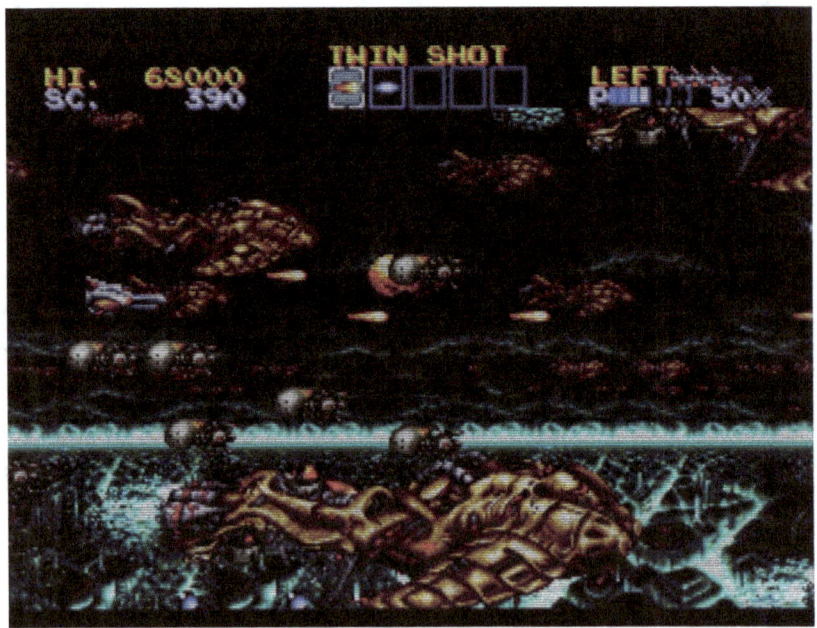

Thunder Force IV - Technosoft, 1992

Tècnicament Thunder Force IV és senzillament magistral. Amb uns genials gràfics, que inclouen uns escenaris espectaculars utilitzant un scroll molt ben aconseguit. Els efectes especials de trets i explosions estan fets amb una gran tècnica. A l'apartat sonor, apareixen unes aconseguides melodies i uns encertats efectes de so.

Pel que fa a la seva jugabilitat, cal dir que es tracta d'un joc realment senzill de manejar, amb una resposta perfecta als controls del comandament de Sega. El joc presenta una dificultat molt alta, amb deu llargues i variades fases. Una apropiada dificultat a un títol de la gran qualitat de Thunder Force IV.

Amb Thunder Force IV ens trobem possiblement davant del millor videojoc d'aquest gènere per a Mega Drive.

1993 Gunstar Heroes

Primer títol desenvolupat per Treasure, empresa fundada el 1992 per antics treballadors de la japonesa Konami. Pertany al subgènere shooter Run & Gun i va ser publicat per Sega el 1993.

El videojoc està protagonitzat per un parell de personatges anomenats Gunstars, els quals centren els seus esforços a evitar que un imperi maligne recuperi quatre poderoses gemmes màgiques. El coronel Grey i el seu exèrcit Imperial intenten aconseguir aquestes gemmes per ressuscitar Golden Silver, un poderós androide que volen utilitzar per arribar a terme el seu objectiu.

El joc va aconseguir una gran crítica, sent al seu dia molt elogiat en revistes especialitzades per la seva acció frenètica i avançats gràfics que incloïen uns grans líders o caps, tot plegat barrejat amb un sentit de l'humor únic. A l'apartat gràfic també destaca una excel·lent animació que es desenvolupa a una gran velocitat en els seus diferents nivells.

Quant a la música del títol, inclou una sèrie de melodies correcta amb un ritme accelerat, d'acord amb l'acció amb què es desenvolupa el joc en tot moment.

La jugabilitat de Gunstar Heroes és realment bona, incloent-hi uns àgils controls i mostrant en tot moment un ajustat nivell de dificultat. Els personatges poden utilitzar quatre tipus d'armes i realitzar una sèrie d'accions acrobàtiques que poden utilitzar en tot moment per lluitar contra els diferents enemics que apareixen en cadascuna de les etapes del joc de la desenvolupadora japonesa.

Gunstar Heroes - Treasure, 1993

Aquest gran títol de Treasure està considerat per diferents publicacions com un dels millors jocs d'acció de lera dels 16 bits i un dels millors videojocs de tots els temps.

1993 Ranger X

Presentat amb el nom d' "Ex-Ranza" al Japó, és un joc shoot'em up del subgènere run&gun programat per GAU Entertainment i publicat a Europa per Sega per a Mega Drive el 1993.

La història ens narra com a Homeworld intenten defensar-se d'un atac de l'exèrcit invasor de Rahuna. Les tribus aliades Ranger i Tech aconsegueixen un exoesquelet amb què intentaran derrotar el temible enemic.

Amb aquest gran joc Gau Entertainment va aconseguir simular fins a 128 colors en pantalla en lloc dels 61 que permetia la consola en mode simultani, "saltant-se" la limitació que en aquest aspecte gràfic oferia la màquina de Sega.

Ranger X a l'apartat de gràfics és senzillament fantàstic. El robot protagonista està força ben dissenyat, movent-se amb agilitat i tot mostrant molt bones animacions. Apareixen múltiples escenaris molt ben ambientats, on s'ha fet servir la tècnica de scroll parallax i efecte tridimensional. Apareixen correctament detallats i amb bon colors, gràcies a la simulació dels esmentats 128 colors simultanis. A més sorgeixen gran quantitat d'enemics durant el joc, amb uns líders finals de grans dimensions.

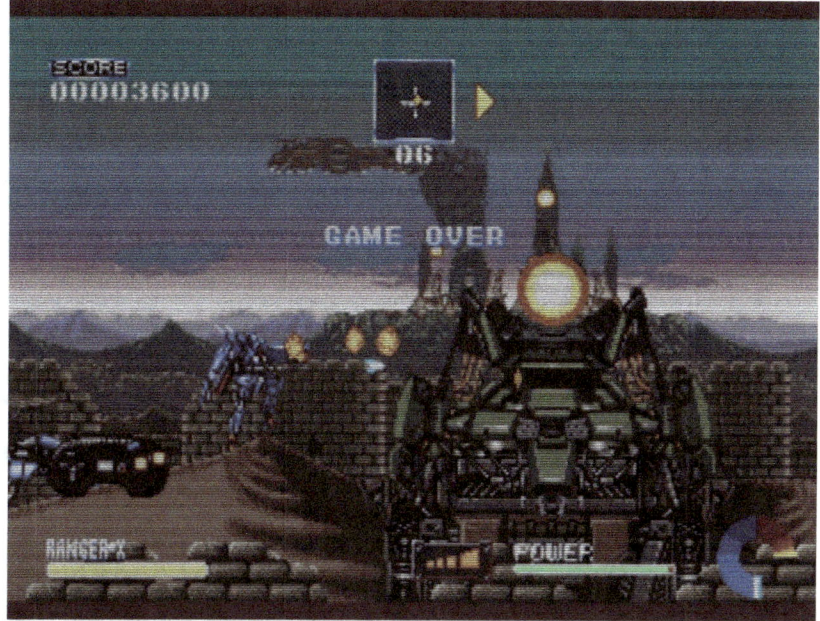

Ranger X - GAU Entertainment, 1993

Pel que fa al so, inclou múltiples efectes especials de trets i explosions. La banda sonora conté diferents melodies molt apropiades al tema del joc. Pel que fa a la jugabilitat, estem davant d'un títol realment divertit. El control del protagonista no és complicat, encara que cal practicar prèviament per controlar correctament el robot. Inclou un bon nombre de fases i una dificultat mitjana/alta.

En definitiva, un dels títols realment imprescindibles per a Mega Drive.

1994 Probotector

Títol programat i distribuït per Konami per a Mega Drive el 1994. Tal com passa amb altres jocs de la saga, es tracta d'un joc shooter/acció fantàstic. Va aparèixer a Japó en el mateix any, encara que sota el títol "Contra: Hard Cops" i protagonitzat per humans. En versió europea

Konami va decidir titular-ho Probotector, canviant tant als herois com als enemics per robots a causa de la censura de l'època.

La història ens situa l'any 2641, on un equip d'elit coneguda com a Hard Corps, es reuneix per combatre la ràpida propagació del crim i les activitats il·legals després de la guerra contra una invasió alienígena. Quan un hacker desconegut s'infiltra al sistema de seguretat de la ciutat i reprograma un grup de robots no tripulats amb clares intencions de causar estralls allà on apareguin, es desplega l'equip Hard Corps per intentar eliminar-los.

Probotector - Konami, 1994

El nivell tècnic del joc en línies generals és realment fabulós. Tot i que els gràfics utilitzats per als robots protagonistes no són molt grans, els escenaris i la majoria dels enemics són fantàstics, apareixent escenaris amb gran quantitat de robots enemics.

La música escollida sona durant tot el joc sense ser monòtona, sinó perfecta per a aquest tipus de jocs. El nivell dels efectes de so és molt bo i amb alguns efectes de veus força ben realitzats.

La jugabilitat és correcta, tot i que la dificultat és francament alta, la facilitat de control dels protagonistes compensa la dificultat. Al final de cada fase apareixen uns líders i caps intermedis i finals enormes.

Dins dels videojocs shoot'em up i acció, Probotector és sens dubte una veritable obra mestra molt a tenir en compte per tot aquell aficionat a aquest gran gènere de videojocs.

1995 Alien Soldier

Videojoc shooter i acció de desplaçament lateral desenvolupat per Treasure i publicat per Sega per a Mega Drive el 1995 tant al Japó com a Europa.

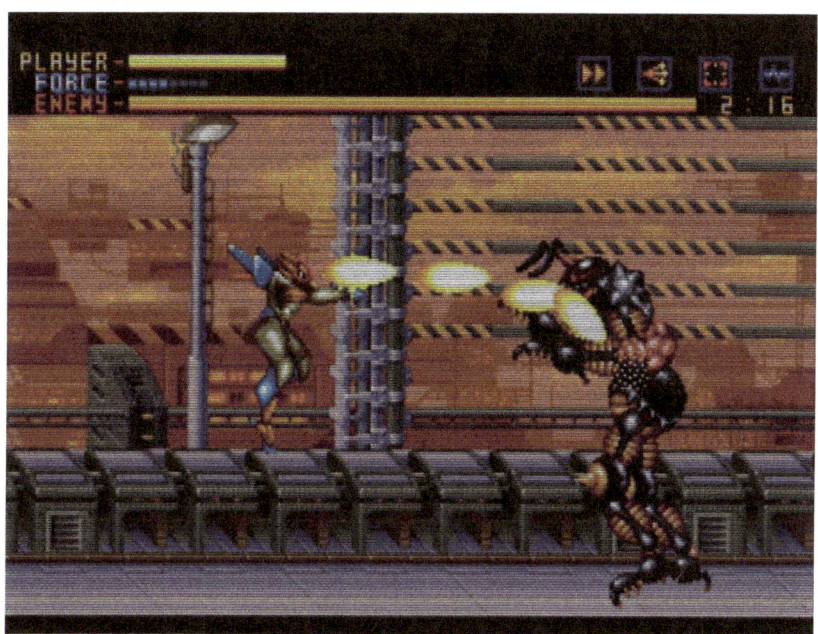

Alien Soldier - Treasure, 1995

La història ens situa l'any 2015 i ens presenta un poderós guerrer mig humà mig ocell anomenat Epsilon-Eagle. Aquest personatge es troba vivint en un món controlat per una organització terrorista en què apareixen humans, màquines i altres éssers monstruosos. Epsilon-Eagle serà l'única esperança de lliurar al planeta d'aquest terrible grup terrorista.

L'aspecte tècnic del joc és, en general, una meravella. La definició de gràfics, sprites i colors emprats són molt bons, utilitzant diferents plans de scroll. Els escenaris utilitzats són realment fantàstics i variats.

Pel que fa a l'apartat sonor, utilitza una música ben realitzada, molt apta per a aquest gènere, amb bon ritme i on tots els efectes de so que hi apareixen són de gran qualitat.

A l'apartat de la jugabilitat, cal dir que ens trobem davant d'un joc divertidíssim. Els moviments del protagonista són àgils i precisos, responent bé als controls del comandament de Sega. És un títol amb llargues fases i amb una dificultat francament difícil.

En conclusió, Alien Soldier ha de formar part per mèrit propi del grup de millors shooters/acció del gènere, estant a un nivell similar del títol també desenvolupat per Treasure "Gunstar Heroes".

5. JOCS D'ACCIÓ I PLATAFORMA

Es considera un joc d'acció aquell en què el jugador o jugadors han de fer servir la seva destresa, agilitat i temps de reacció per arribar a l'objectiu. Els videojocs de plataformes són aquells en què el jugador o jugadors han de saltar sobre nivells o plataformes suspeses, obstacles i enemics fins a arribar a l'objectiu del joc.

En aquest cinquè capítol es fa una revisió, també per ordre cronològic, dels videojocs d'acció i plataforma per a Mega Drive que es poden considerar més destacats, amb una breu anàlisi i descripció de cada títol.

1989 Ghouls'n Ghosts

Aquest mític títol va ser llançat originalment a Japó com "Daimakaimura, el gran poble del món demoníac". És un videojoc de plataformes/run & gun desenvolupat per Capcom en 1988 en versió per a recreatives, sent adaptat a moltes altres versions. Aquesta seqüela del gran joc de recreatives "Ghosts'n Goblins" de 1985 va ser presentada per Sega per a Mega Drive en 1989.

La història ens narra les aventures del cavaller medieval Arthur, que ha d'avançar a través d'una sèrie de nivells tètrics enfrontant-se a morts vivents i criatures demoníaques a la recerca per aconseguir portar a la vida totes les persones assassinades per Llucifer, inclosa la seva estimada princesa Prin Prin.

Tot i ser un dels primers títols apareguts per a Mega Drive, el joc inclou uns bons gràfics tant per als escenaris com els personatges, amb moviments àgils i ben dissenyats del personatge protagonista.

A l'apartat sonor apareixen unes melodies correctes i originals i uns efectes de so similars a la versió apareguda el 1988 per a salons recreatius. Pel que fa a la seva jugabilitat, ens trobem davant d'un títol realment divertit i amb un nivell de dificultat mitjà.

Ghouls'n Ghosts - Capcom, 1989

Tot i tractar-se d'un dels primers títols apareguts per a Mega Drive, Ghouls'n Ghosts està considerat com un dels millors jocs del catàleg d'aquesta gran consola de Sega. Un títol realment especial.

1990 Mickey Mouse - Castle of Illusion

La versió per a Mega Drive d'aquest gran títol del gènere plataforma va ser desenvolupada i distribuïda per Sega el 1990, tant pel Japó com pels Estats Units i Europa.

La història ens porta fins al ratolí Mickey, que ha d'entrar a Castle of Illusion per rescatar Minnie Mouse de la malvada bruixa anomenada Mizrabel, que pretén robar la joventut de Minnie.

La tècnica utilitzada per dissenyar l'sprite del protagonista Mickey és realment bona. A més, les animacions dels personatges i els diferents escenaris s'han fet amb un gran detall i molt bon gust. Apareixen durant el joc gran varietat d'enemics i uns líders o caps finals molt ben aconseguits. Pel que fa al so del joc, el títol inclou una bona banda sonora, a més d'uns efectes de so encertats. La seva jugabilitat és correcta alhora que senzilla; els moviments i accions que realitza el protagonista són àgils i dinàmics, transmesos correctament a través del control de Sega i amb un nivell de dificultat mitjà, tot i tenir alguns moments una mica més complicats de superar.

Mickey Mouse - Castle of Illusion - Sega, 1990

Amb Castle of Illusion es va iniciar la relació entre Sega i Disney a Mega Drive, i que va servir per crear el que és un dels títols genials d'aquest gènere de plataformes de la mítica consola.

1991 Sonic The Hedgehog

Com ja hem dit, l'emblemàtic Sonic the Hedgehog desenvolupat per Sega-Sonic Team va aparèixer l'any 1991 com a estratègia de l'empresa per competir amb Mario, la famosa mascota oficial de Nintendo. El seu gran èxit va ajudar en gran mesura Sega a convertir-se en una de les principals empreses de videojocs durant la Quarta Generació de consoles, a principis de la dècada dels 90. Sonic també es va produir per Master System, Game Gear, Mega CD, Mega Drive 32X, Sega Saturn i posteriorment per a consoles d'altres fabricants. Sonic The Hedgehog va ser el primer títol aparegut de la coneguda saga de jocs del mític eriçó.

L'objectiu d'aquest especial joc de plataformes consisteix a recórrer amb el protagonista Sonic determinats nivells en escenaris 2-D, tot recollint anells i intentant evitar gran varietat d'obstacles a través de les 7 fases que componen el joc, per finalment aconseguir derrotar el Doctor Robotnik.

Sonic The Hedgehog - Sega, 1991

En el seu aspecte tècnic, el joc és excepcional. Gràfics molt ben detallats juntament amb uns escenaris fantàstics, on tot això es pot arribar a reproduir a una velocitat increïble; elements que fan d'aquest primer títol de la coneguda saga que sigui considerat com a únic.

Pel que fa a l'àudio, apareixen unes melodies brillants juntament amb uns encertats efectes de so.

A més inclou una fantàstica jugabilitat, amb uns rapidíssims moviments del protagonista al llarg de tot el joc. El seu nivell de dificultat a la majoria de fases és mitjà/baix, per la qual cosa es considera un joc apte per a totes les edats.

Sonic The Hedgehog es va convertir en un gran èxit de vendes. Va ser un dels jocs més venuts de la consola de Sega, amb milions de còpies adquirides a tot el món.

Sonic the Hedgehog 2, que també va obtenir un altre gran èxit en vendes, està considerat per molts aficionats als videojocs retro com el millor títol de la saga Sonic.

1992 Alisia Dragoon

Videojoc del gènere plataformes-acció programat per Game Arts i presentat per Sega al Japó, Europa i Estats Units el 1992.

La història ens narra les aventures de la protagonista, Alisia, en la seva recerca per salvar el món derrotant Baldour, personificació del diable i líder de les forces del mal que van matar el seu pare.

Alisia Dragoon - Game Arts, 1992

A l'apartat gràfic es pot destacar el bon disseny de les animacions, com el raig que apareix com a arma de la protagonista, els correctes sprites o l'original disseny dels enemics. Quant al so, la música és força bona, conjuntant correctament amb les diferents accions del joc. Els diferents efectes de so que apareixen són millorables. Estem davant d'un títol amb una jugabilitat molt bona, amb moments molt divertits i amb unes llargues fases. Els moviments de la protagonista són senzills de controlar, mitjançant uns controls correctes del comandament de Sega.

1992 Wonder Boy in Monster World

El cinquè episodi de la saga Wonder Boy, joc del gènere plataformes-acció i amb elements RPG, va ser desenvolupat i publicat per Sega al Japó el 1991 i presentat a Europa l'any següent.

La història d'aquest gran episodi de Wonder Boy ens situa davant del personatge anomenat Shion, que té com a objectiu salvar Monster World del malvat enemic BioMeka. Per això, haurà d'investigar conversant amb alguns veïns, aconseguir diners per comprar articles, augmentar la seva barra de vida recollint diferents elements, tot utilitzant gran varietat d'armes i màgia.

Wonder Boy in Monster World - Sega, 1992

Tècnicament, està molt aconseguit. A l'aspecte gràfic, tant els escenaris com el seu entorn estan ben executats, amb uns colors que omplen tota la pantalla, i amb uns moviments de scroll que freguen la perfecció.

Pel que fa a la música, està molt ben adaptada al tipus de joc per al que s'ha creat, juntament amb uns efectes de so que es poden considerar correctes.

Els moviments del protagonista són senzills, utilitzant els habituals controls per al comandament de Mega Drive. Pel que fa a la seva jugabilitat, és un divertit títol, amb un nivell d'addicció realment important.

1992 World of Illusion - Starring Mickey Mouse & Donald Duck

Videojoc del gènere plataformes desenvolupat íntegrament per l'equip de Sega AM7 i presentat per Sega al Japó i Europa el 1992. Als Estats Units va aparèixer un any més tard.

La història ens situa davant de la descoberta d'una caixa màgica per part del ratolí Mickey i l'ànec Donald. Descobreixen que aquesta caixa pertany a un malvat mag anomenat Pete, el qual decideix enviar Mickey i Donald a un món màgic. Els protagonistes hauran de treballar junts per trobar el camí de tornada a casa.

World of Illusion - M. Mouse & D. Duck - Sega AM7, 1992

En el seu aspecte tècnic, és un títol excepcional. Presenta uns magnífics gràfics, amb escenaris molt ben dissenyats, i destaquen per exemple els moviments que reprodueixen els protagonistes.

Pel que fa a la música, els efectes de so, les veus dels personatges i les melodies que apareixen durant aquest meravellós joc estan ben conjuntats amb els seus fantàstics gràfics.

La seva jugabilitat és francament alta, oferint un nivell de dificultat mitjà. El títol inclou l'opció de dos jugadors, els quals cal ajudar entre ells per poder continuar dins de la història del joc.

Gran títol de Sega en col·laboració amb Disney, a l'alçada del genial joc aparegut uns anys abans: "Mickey Mouse - Castle of Illusion" del 1990.

1993 Aladdin

Fantàstic títol del gènere plataformes-acció que va ser desenvolupat per Virgin Games el 1993 i distribuït per Sega en aquest mateix any. La versió del joc per a Mega Drive està considerada com una de les millors que van aparèixer per a diferents consoles i ordinadors.

La història està basada en la coneguda pel·lícula produïda per Disney i que va ser presentada durant l'any anterior a la presentació del videojoc.

Aladdin - Virgin Games, 1993

El desenvolupament del joc es va iniciar el gener de 1993, amb un equip d'animadors que va utilitzar la tècnica de dibuix a mà, sent el primer videojoc per a Mega Drive que feia servir aquest especial i elaborat tipus d'animació.

Tècnicament, el disseny i els moviments del protagonista són probablement els millor realitzats comparant-los amb la resta de versions del joc, juntament amb unes fantàstiques animacions de la resta de personatges, similars a altres títols com a "Prince of Persia". El joc compta amb uns escenaris variats i ben detallats, recreant molt bé algunes de les escenes del film de Disney.

Pel que fa al so, inclou melodies que apareixen al film, amb un nivell d'àudio i efectes de so excel·lents.

A l'apartat de jugabilitat, les accions d'Aladdin són fàcilment executables, amb un controls del pad de Sega correctes. El seu nivell de dificultat pot considerar-se mitjà/alt, amb una història no excessivament llarga, però que resulta força complicada arribar al final.

En definitiva, estem davant d'un meravellós títol, imprescindible per a tots aquells amants de la gran consola de Sega.

1993 Chiki Chiki Boys

Títol del gènere plataformes desenvolupat per Capcom que va aparèixer als salons recreatius el 1990. Al Japó es va presentar sota el nom de "Mega Twins". La versió per a Megadrive apareixeria en 1992 produïda per Capcom amb col·laboració amb Visco Corporation i va ser distribuïda per Sega.

La història del joc ens narra les aventures de dos germans bessons, els Chiki-Chiki Boys, que intentaran salvar Alurea, el regne del pare dels germans, d'una sèrie de monstres que ho han envaït.

A l'apartat tècnic, aquesta versió inclou uns fantàstics gràfics, molt similars a la versió original arcade. Un dels aspectes que diferencien aquest títol de l'arcade és que només es pot jugar en mode per a un jugador, encara que amb una gran jugabilitat i un nivell de dificultat mitjà.

Les melodies i efectes de so també tenen gran similitud amb l'original de recreatives aparegut el 1990.

En resum, és un genial i molt divertit títol del gènere plataformes, que respecta en molts moments i detalls el seu germà gran dels salons recreatius de principis dels anys 90.

Chiki Chiki Boys - Capcom-Visco Corporation, 1993

1993 Prince of Persia

Mític joc del gènere plataformes desenvolupat i distribuït per Brøderbund Software per a Apple II el 1989, per més tard ser adaptat a diferents sistemes com per exemple Snes o Mega Drive. La versió per a Mega Drive va ser programada i distribuïda l'any 1993 per l'empresa subsidiària britànica Domark, pertanyent al grup japonès Square Enix.

La història del joc transcorre a l'antiga Pèrsia. Jaffar, el visir del Sultà de Pèrsia, aprofita per prendre el poder del país mentre el seu Sultà es troba enfrontat en guerra a un país estranger. El principal obstacle que es presenta entre Jaffar i el lideratge és la pròpia filla del Sultà. Jaffar decideix amagar-la en una torre amenaçant-la de mort si no accedeix a casar-s'hi. L'anònim protagonista i amant de la princesa és detingut i tancat. L'objectiu del joc és derrotar Jaffar i aconseguir alliberar la princesa, escapant de la presó on es troba tancat, tot això en menys de 60 minuts. A més de les trampes que apareixen i els guàrdies i presons, el jugador haurà d'enfrontar-se a una mena de doble personatge amb intencions assassines.

Tècnicament, la versió del joc desenvolupat per Domark és senzillament fantàstica. Els diferents sprites generats per crear el protagonista i els seus enemics van ser creats amb gran detall. Les animacions dels personatges que hi apareixen estan francament molt ben realitzades, envoltats tots ells per uns escenaris perfectament ambientats, millorant clarament els de la versió original d'Apple.

Prince of Persia - Domark, 1993

A l'apartat d'àudio, inclou uns efectes de so molt bons i unes melodies correctes, inspirades en temes d'estil àrab.

La seva jugabilitat requereix una mica de pràctica, ja que el protagonista realitza una sèrie d'àgils moviments que no són senzills d'executar, encara que respon correctament al comandament de la consola. És un títol francament llarg i amb un nivell de dificultat alt.

En conclusió, estem davant d'una de les millors versions d'aquest magnífic joc.

1993 Flashback

Videojoc del gènere plataformes creat inicialment per a Commodore Amiga en 1992. Va ser adaptat per a Mega Drive per la companyia francesa Delphine Software i distribuït a Europa per U.S. Gold.

La història ens trasllada a l'any 2142 on el protagonista, Conrad Hart, està fent una investigació quan descobreix que s'ha produït una invasió d'uns alienígenes coneguts com Morphs, que s'han infiltrat entre els éssers humans.

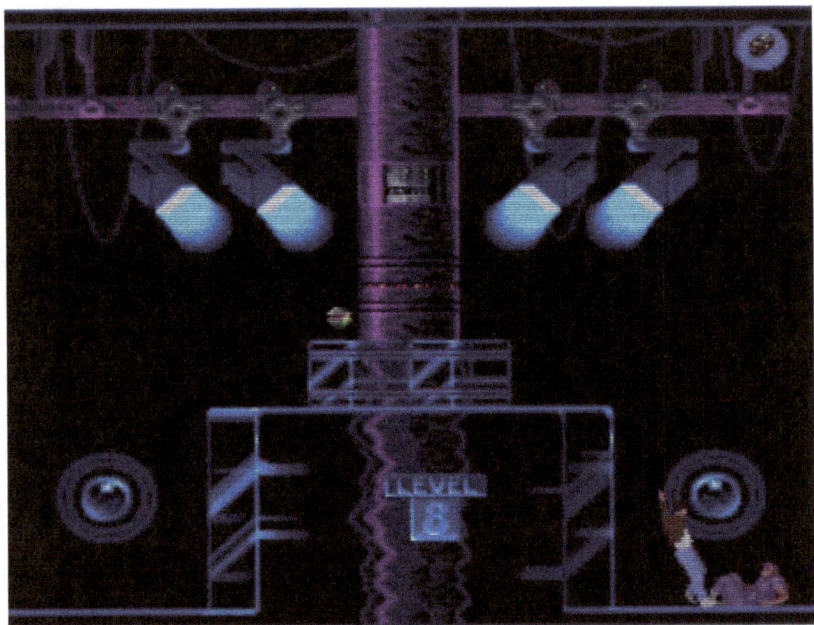

Flashback - Delphine Software, 1993

En el seu aspecte tècnic el joc és realment excel·lent, millorant de manera important l'anterior títol de Delphine Software de 1991 "Another World". Els escenaris apareguts a cada fase i la sèrie d'accions generades per al protagonista són fantàstics, amb un estil de moviments una mica similar al del títol de Domark "Prince of Persia".

Pel que fa a l'àudio, la banda sonora inclosa s'ha realitzat amb bon gust, juntament amb uns efectes de so més que correctes.

A l'apartat de jugabilitat, aquest gran títol permet adaptar el nivell de joc al mateix jugador, gràcies al fet que inclou tres diferents nivells de dificultat.

1993 Rocket Knight Adventures

Gran videojoc del gènere plataformes desenvolupat i publicat per Konami per a Mega Drive. Va ser presentat l'any 1993 tant al Japó com a Europa i als Estats Units. Va ser dissenyat pel japonès Nobuya Nakazato, desenvolupador de jocs com la franquícia "Contra".

Rocket Knight Adventures - Konami, 1993

El joc gira entorn d'un món anomenat Elhorn, la llar del regne de Zebulo, i el seu protagonista, Sparkster, un marsupial-cavaller que ha de combatre contra un gran exèrcit de robots i porcs, els quals poden pilotar diferents vehicles. El protagonista va armat amb una espasa que emet energia i un cinturó coet que li permet volar.

Tècnicament el joc arriba a un gran nivell. Presenta uns esprites dels personatges ben realitzats juntament amb uns escenaris plens de color, a més d'uns efectes especials realment fantàstics, variats i molt originals.

Pel que fa a la música que apareix al joc, està magníficament composta, amb ritmes que s'adapten a la perfecció amb les imatges. Els seus efectes de so són correctes, encara que potser millorables.

A l'apartat de jugabilitat, el protagonista pot fer multitud de moviments, que fa que es necessiti una mica de pràctica per arribar a dominar Sparkster.

Es tracta d'un títol realment molt divertit, amb llargues fases a recórrer i amb un nivell de joc força difícil.

1993 Shinobi III: Return of The Ninja Master

Molt bon títol del gènere acció-plataformes creat i distribuït per Sega als mercats japonès, europeu i americà el 1993. Es tracta d'una seqüela del joc "Revenge of Shinobi" de 1989, també desenvolupat per Sega.

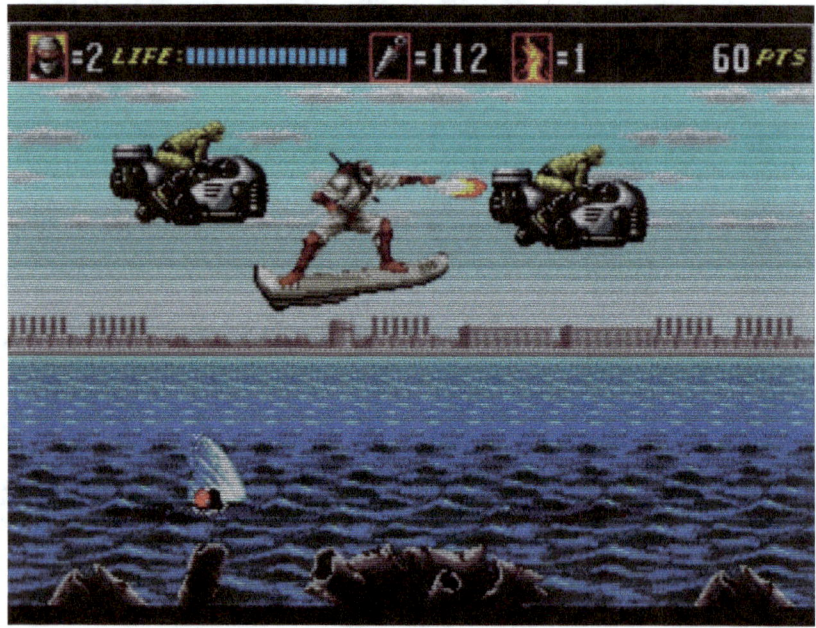

Shinobi III: Return of The Ninja Master - Sega, 1993

La història ens situa davant de l'organització criminal Neo Zeed, que torna a amenaçar el món. El sindicat del crim ha tornat, encapçalat per un home conegut com el "Mestre de les Ombres". El protagonista del joc Joe Musashi decideix baixar dels cims de les muntanyes del Japó per enfrontar-se de nou al seu enemic.

Pel que fa a l'anterior títol de la saga, Shinobi III va millorar notablement el seu aspecte gràfic. Els escenaris són fantàstics, correctament definits als quals se'ls ha generat un moviment ben realitzat. A més, els escenaris són variats i espectaculars. Els personatges estan ben dissenyats, incloent-hi uns líders o caps finals molt grans.

Pel que fa a l'àudio, la banda sonora és correcta i ben adaptada a l'estil de joc, juntament amb uns efectes sonors més correctes.

El joc compta amb una dificultat realment alta i un gran repertori de moviments del personatge protagonista.

En resum, Shinobi III: Return of The Ninja Master no solament es considera el millor títol de la saga Shinobi, sinó que és un joc imprescindible per als amants del gènere.

1994 Castlevania: The New Generation

Fantàstic joc del gènere plataformes desenvolupat i publicat per Konami per a Mega Drive el 1994. Es tracta d'un dels dos únics jocs de la sèrie Castlevania que van ser llançats per a Sega; l'altre va ser "Castlevania: Symphony of the Night" per a la consola Sega Saturn. Al Japó va aparèixer amb el nom de "Vampire Killer" i als Estats Units com "Castlevania: Bloodlines", tots dos en aquest mateix any.

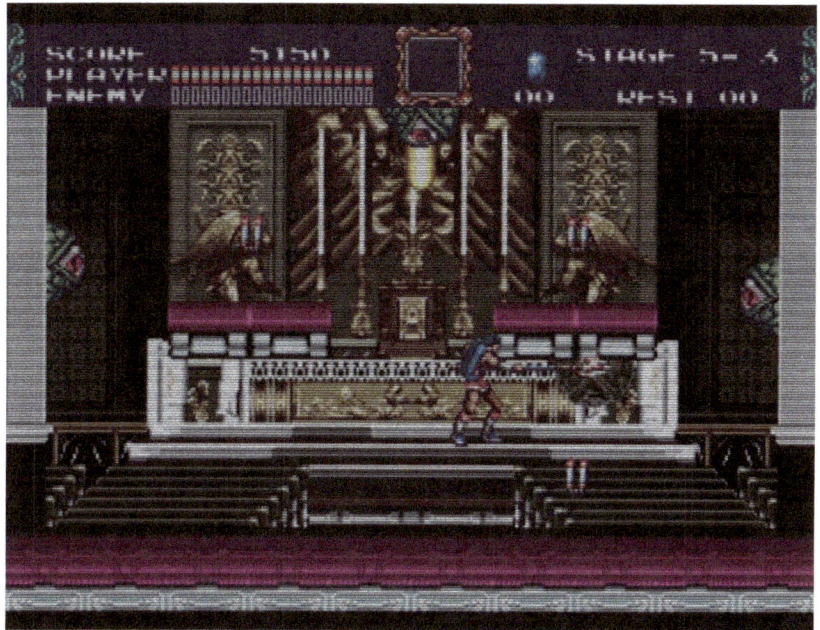

Castlevania: The New Generation - Konami, 1994

La història ens situa l'any 1917. Els protagonistes són John Morris, un descendent de les famílies Belmont i Morris que van lluitar contra els vampirs durant molt temps, i Eric Legarde. Tots dos hauran d'impedir per tots els mitjans que la vampira Comtessa Elizabeth Bartley ressusciti el senyor de les tenebres, el Comte Dràcula.

El joc en versió europea i australiana va patir algunes modificacions a causa de la censura. Per exemple, la paraula "sang" es va eliminar del títol que sí que va mantenir la versió americana, a més del color vermell d'aquest element en algunes fases del joc. També van ser modificats alguns efectes d'imatge, com per exemple el color original d'alguns personatges com zombies o la sang degotant fins a formar un toll, i altres accions considerades en aquell moment molt agressives visualment.

Pel que fa a l'apartat gràfic, tant els escenaris com els personatges són fantàstics, amb uns encertats sprites utilitzats per als protagonistes, encara que una mica petits.

La banda sonora és supèrbia, aconseguint un ambient tètric molt encertat per al tipus de joc. Els efectes de so són una mica irregulars, encara que tenint grans moments en algunes fases del joc.

La seva jugabilitat és molt bona, amb un total de set fases realment llargues i difícils, amb la possibilitat d'introduir passwords per continuar el joc més endavant.

En poques paraules: un impressionant i imprescindible títol per a Sega Mega Drive.

1994 Dynamite Headdy

Màgnific títol del gènere plataformes desenvolupat per Treasure i distribuït al Japó, Europa i Estats Units per Sega per a Mega Drive i Game Gear el 1994.

Dynamite Headdy - Treasure, 1994

La seva història ens porta fins al Fosc Castell dels Diables, on Headdy, el peculiar protagonista, haurà de combatre els seus enemics utilitzant els seus diferents caps intercanviables, amb l'objectiu de salvar el seu món del malvat rei titella Dark Demon, que està transformant la resta de titelles del món en perversos seguidors. Headdy lluitarà i es defensarà contra els seus enemics colpejant amb el cap, saltant, o mossegant si cal.

Gràficament, Dynamite Headdy és impressionant. Tant els sprites del protagonista com els dels diferents enemics que apareixen estan molt ben aconseguits, juntament amb uns líders gegants o caps de fi de fase que mostren una gran qualitat gràfica. Compta amb uns originals escenaris plens de color i amb àgils rotacions i moviments de scroll.

Pel que fa a l'àudio, la banda sonora és realment bona, amb una animada música realitzada amb bons elements, juntament amb uns contundents i molt variats efectes de so, i amb unes estudiades veus realitzades digitalment.

Quant a la seva jugabilitat, cal destacar el relativament senzill control del protagonista, el qual realitza uns originals i curiosos moviments amb el cap que utilitza al llarg de totes les fases d'aquest gran joc.

En conclusió, es tracta d'un original, divertit, llarg i fantàstic títol, amb un nivell de dificultat mitjà que posarà a prova qualsevol jugador que intenti superar-lo.

1994 Earthworm Jim

Bon títol del gènere plataformes creat per Doug TenNapel i dissenyat per David Perry per a la companyia nord-americana Shiny Entertainment. Va ser distribuït per Virgin Games tant per a Mega Drive com per a Nintendo SNES en 1994.

El seu protagonista és un cuc cibernètic anomenat Jim que recorre l'univers a la recerca de la princesa anomenada "What's-Her-Name", que va ser obligada a viure a l'exili a causa de les ànsies de poder de la reina "Slug for a Butt", germana bessona de la princesa.

Tècnicament el títol és senzillament excel·lent. Els originals dissenys del protagonista i diferents enemics compten amb unes animacions àgils, juntament amb uns magnífics líders o caps finals molt ben realitzats. L'entorn que envolta els decorats s'ha dissenyat amb una gran quantitat de detalls, molt originals i ben acolorits, i on apareixen uns efectes gràfics de gran qualitat.

Pel que fa a l'àudio, el joc està acompanyat per una divertida música i uns molt ben dissenyats efectes com explosions, crits i encertats sons que recreen aus.

Earthworm Jim - Shiny Entertainment, 1994

La jugabilitat del joc és realment alta, sent un títol francament divertit. El protagonista és capaç de desenvolupar moltes accions diferents de manera relativament senzilla mitjançant una gran varietat de fases. Pel que fa al seu nivell de joc, inclou una dificultat més aviat alta.

1994 Flink

Gran joc del gènere plataformes produït per la companyia britànica Psygnosis i distribuït per Sony Electronic Publishing el 1993 per a Mega Drive, Mega CD i Commodore Amiga CD32. A Amèrica del Nord es va publicar amb el nom de "The Misadventures of Flink". Les versions del joc publicades per a Mega Drive i Mega CD són exactes, excepte en la seva banda sonora.

La seva història ens porta fins a l'illa Imagica, coneguda per la pau i l'harmonia que envolta el lloc. Cert dia, el malvat bruixot anomenat Wainwright, tanca els quatre ancians governants amb la intenció de fer-se amb el poder de l'illa. Els seguidors del malvat bruixot envaeixen el poblat, tenint obligats els seus habitants a viure sota un règim de terror. Flink, el protagonista del joc, haurà d'intentar rescatar els ancians i aconseguir derrotar el malvat Wainwright.

Tècnicament el títol rendeix a un nivell altíssim. L'apartat gràfic és senzillament fantàstic, amb una animació molt bona, uns decorats realment increïbles i personatges molt ben dissenyats.

El seu àudio és més que correcte, amb música ben feta i uns efectes de so correctes que encaixen bé per a l'estil del joc.

Flink - Psygnosis, 1994

A l'apartat de jugabilitat, el títol posseeix llargues fases de joc i un nivell de dificultat realment alt, encara que el control del protagonista no és gens difícil, cosa que fa que el joc sigui realment divertit i resulti un constant repte per al jugador.

1994 Mega Bomberman

Pertanyent a la coneguda saga Bomberman, es tracta d'un original títol del gènere acció desenvolupat i distribuït per Hudson Soft inicialment per a PC Engine el 1993, apareixent sota el nom de "Bomberman '94". Aquesta versió va ser programada per Westone i publicada per Sega per a Mega Drive, aterrant al mercat europeu el 1994.

La història ens porta fins a Planet Bomber, on els seus pacífics habitants viuen sense ensurts protegits per cinc esperits, fins que el malèfic personatge Buglear i el seu exèrcit van decidir envair-lo. Bomberman haurà de ser l'encarregat de restaurar la pau al planeta.

Mega Bomberman - Westone, 1994

A l'apartat gràfic, les imatges del joc són senzilles però alhora variades, efectives i ben definides.

En l'apartat sonor, inclou melodies encertades que s'adapten perfectament a les diferents fases del joc, juntament amb uns efectes de so més que correctes.

On destaca realment el joc és en la seva jugabilitat, sobretot en el seu mode multijugador. El títol permet, a través d'un adaptador multitap, jugar fins a quatre jugadors simultàniament, fet que el converteix en un títol realment molt divertit, amb un control del personatge o personatges en mode multijugador gens complicat. El joc mostra un nivell de dificultat mitjà en mode un jugador.

En definitiva, Mega Bomberman és un gran títol publicat per Sega que va estar al seu dia orientat per poder-lo gaudir amb tota la família i amics i que destacava per la seva originalitat.

1994 Mega Turrican

Genial joc del gènere plataformes-acció desenvolupat per la companyia alemanya Factor 5 i publicat per la japonesa Data East als Estats Units i per Sony Imagesoft a Europa el 1994. També va aparèixer una versió del joc per a Commodore Amiga.

El protagonista del joc Bren McGuire va ser l'únic supervivent de la nau espacial Avalon 1 quan The Machine va eliminar els seus companys en un intent d'apoderar-se de la galàxia. Va ser llavors quan McGuire va aconseguir realitzar la seva venjança destruint-la al planeta Landorin. Ningú esperava el retorn inexplicable de The Machine; després que moltes persones haguessin estat gaudint de llibertat i pau a la galàxia, les temibles forces sota el seu comandament estan començant a reunir-se novament. En una onada de terror, The Machine ha destruït diversos planetes i ha esclavitzat gran quantitat de persones. Bren McGuire, líder de les Forces de la Llibertat, és l'única esperança per destruir el domini del mal liderat per The Machine.

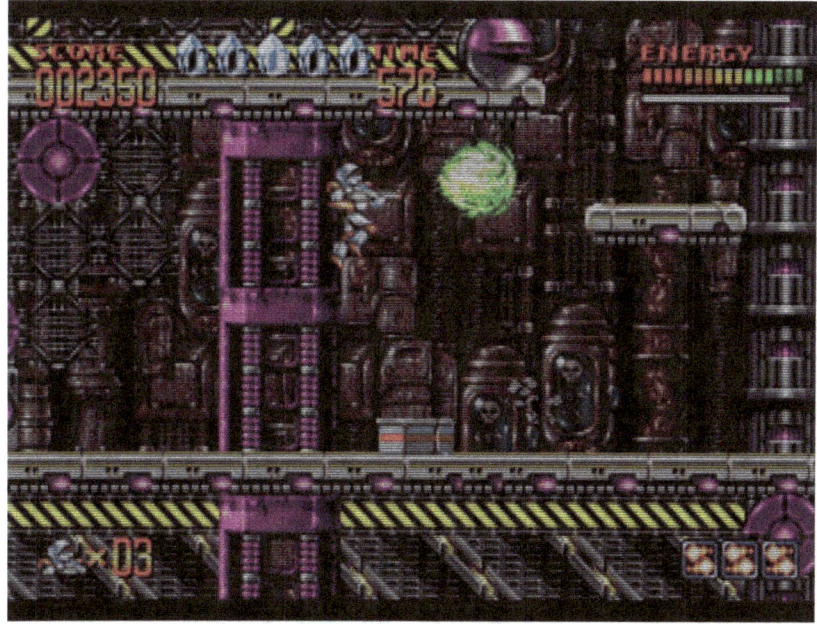

Mega Turrican - Factor 5, 1994

Tècnicament el títol de Factor 5 és senzillament fantàstic, superant àmpliament en aquest apartat a l'anterior joc de 1991 anomenat Turrican, també per a Mega Drive però en aquest cas creat per la companyia britànica

The Code Monkeys. Tant la realització del protagonista com dels diferents enemics estan francament ben dissenyats, destacant uns líders finals molt ben aconseguits. L'entorn i els decorats són molt originals, colorits i vistosos, juntament amb unes explosions i trets creats amb una gran tècnica. L'equip alemany de Factor 5 va utilitzar la tècnica de scroll parallax, juntament amb unes rotacions ben executades dels personatges.

A l'apartat d'àudio, inclou una música encertada que s'adapta francament bé al tipus de joc, juntament amb uns molt bons efectes de so utilitzats per a les veus, explosions, etc.

El joc inclou una molt bona jugabilitat, amb un nivell de joc francament difícil. El protagonista respon bé als controls del comandament al llarg de l'aquest genial títol, en què s'ha d'aconseguir passar per moltes fases fins arribar al final.

En resum, es tracta d'un gran títol per a Sega Mega Drive, imprescindible a qualsevol col·lecció de videojocs de 16 bits.

1995 Ristar

Fantàstic joc del gènere plataformes programat per Sonic Team i publicat per Sega per a la seva distribució al Japó, Europa i Estats Units el 1995, apareixent únicament en versions per a Mega Drive i GameGear.

Ristar - Sonic Team, 1995

La història del joc varia segons les versions japonesa o occidental. A la versió europea, el pare de Ristar és un heroi llegendari, que és no és altre que una estrella fugaç, i que és l'encarregat de protegir la constel·lació Valjee. El pare de Ristar és segrestat pel pirata espacial Greedy. Ristar haurà d'utilitzar tota la seva destresa i habilitat per poder rescatar el pare.

Els gràfics creats per Sonic Team són senzillament fantàstics. El scroll utilitzat acompanya correctament els personatges. L'original protagonista es mou amb rapidesa a través de les diferents fases, mostrant una sèrie d´animacions de gran qualitat. Els escenaris estan ben detallats i plens de color.

A l'apartat sonor, la música que inclou és animada, acompanyant correctament cada fase del joc. Els seus efectes de so, encara que no abunden, brillen a gran alçada.

Quant a la seva jugabilitat, el control de Ristar no és gens complicat, com és habitual a la majoria de títols d'aquest gènere, tenint una resposta correcta al comandament de Sega. Presenta un bon nombre de fases, totes en general amb un nivell de dificultat mitjà.

Ristar de Sonic Team resulta un títol realment divertit i original, recordant en alguns aspectes el mític i entranyable Sonic de Hedgehog.

6. JOCS RPG

Els jocs RPG (Role-Playing Game) o jocs de rol pertanyen al gènere de videojocs on el jugador controla les accions d'un personatge o de diversos membres d'un grup, que es troben immersos en algun món determinat, sigui real o fictici, on cal enfrontar-se a diferents situacions. Gran part d'aquests videojocs tenen els seus orígens en jocs de rol de sobretaula, els quals utilitzen sovint una similar terminologia, escenaris i tècniques de joc.

En aquest sisè capítol apareixen per ordre cronològic una selecció de videojocs destacats d'aquest gènere per a Mega Drive, amb una breu anàlisi i descripció de cada títol.

1991 Starflight

Videojoc del gènere RPG creat per Binary Systems i publicat per Electronic Arts el 1986 per al sistema IBM PC. Posteriorment va ser adaptat per a altres sistemes com Commodore 64 i Amiga, Atari ST o Macintosh. El 1991 va aparèixer una renovada versió del joc per a Mega Drive.

La història ens situa inicialment en una base estel·lar circular on el jugador ha de reunir el seu equip i assignar a cada membre de la tripulació els rols oficial, navegant, etc. Després, caldrà preparar la nau espacial per poder partir cap a l'espai. Un succés terrible està succeint: les estrelles de tota la galàxia estan destruint qualsevol planeta dins del seu abast. L'objectiu final de la tripulació és descobrir què està provocant aquests successos i intentar evitar que passi el mateix al seu planeta, Arth.

Starflight - Binary Systems, 1991

Starflight és un títol ben estructurat, i que no necessita grans gràfics i àudio per aconseguir el seu propòsit: introduir-nos en un interessant món, amb una trama principal que ens portarà a fer una sèrie d'investigacions fins aconseguir l'objectiu del joc.

Cal dir que el seu apartat gràfic va ser millorat notablement respecte a la versió original apareguda per a PC uns anys enrere.

L'àudio del joc és correcte, similar a l'estil emprat a Star Trek, encara que no és un aspecte essencial per a aquest tipus de jocs.

El nivell de dificultat del títol és alt, encara que per als seguidors d'aquest gènere no és una qüestió que preocupi en excés. Inicialment es pot veure el joc com a complicat, encara que després dels primers minuts es pot arribar a comprendre plenament el seu funcionament.

Títol altament recomanable per a tot aquell jugador de Mega Drive que vulgui arribar a controlar la seva pròpia nau estel·lar.

1993 Landstalker: The Treasures of King Nole

Joc del gènere RPG-acció desenvolupat per la companyia japonesa Climax Entertainment i publicat per Sega a Japó en 1992, sent un any després presentat a Europa i Amèrica del Nord.

La història se centra en un elf anomenat Nigel, que té la missió de buscar el llegendari tresor del rei Nole. Aquest rei, que no era del gust del poble, va marxar precipitadament quan alguns dels seus súbdits van irrompre al castell. L'objectiu del joc és intentar resoldre el misteri i trobar finalment el tresor desaparegut del rei Nole.

Landstalker: Treasures of King Nole - Climax Entertainment, 1993

En el seu aspecte gràfic, malgrat les limitacions de disseny que comporta utilitzar la perspectiva isomètrica, la realització de personatges i escenaris és més que correcte, on s'ha de moure el personatge amb compte a través dels diferents passadissos i estades.

A la versió original japonesa apareixen algunes escenes amb cert contingut eròtic que van ser incompressiblement censurades en la seva versió occidental.

Pel que fa a l'àudio del joc, la banda sonora està feta amb bon gust; inclou una música que probablement serà recordada pel jugador durant força temps.

Amb un nivell de dificultat mitjà-alt, el personatge protagonista respon correctament i en tot moment a les ordres del comandament de Sega.

En conclusió, tot i ser un títol que no va aparèixer en castellà (encara que els textos en anglès que apareixen no són gens complicats) és un joc molt a tenir en compte per qualsevol amant de Sega Mega Drive.

1993 Shining Force

Conegut també com "Shining Force: The Legacy of Great Intention", aquest gran títol del gènere RPG va ser programat conjuntament per Climax Entertainment i Sonic Software, sent distribuït per Sega al Japó en 1992 i apareixent a Europa i Amèrica del Nord un any després. El 1991 Climax Entertainment i Sonic Software ja havien desenvolupat el títol pertanyent al mateix gènere "Shining in the Darkness".

La història del joc ens porta fins al Regne de Guardiana, on el protagonista Max és enviat en una missió per evitar que el malvat Darksol, que comanda les hordes de Runefaust, obri Sender Lluminós i alliberi el Drac Fosc. Amb un grup de companys, anomenats Shining Force, Max ha d'intentar aturar Darksol perquè no compleixi el seu objectiu. Per això haurà de viatjar per la terra de Rune i derrotar l'exèrcit de Runefaust.

Shining Force - Climax Entertainment, 1993

El joc està tècnicament ben realitzat. A l'apartat gràfic, compta amb uns senzills escenaris però que compleixen la seva comesa correctament, amb uns personatges principals dibuixats amb un estil que recorda el manga.

Pel que fa a l'àudio, apareixen uns efectes de so i melodies fetes amb un bon nivell de qualitat i que acompanyen bé l'estil del joc.

Quant a la jugabilitat, és un joc amb una extensió important i que no és gaire difícil. Ens trobem davant d'un títol realment divertit, amb un grau d'addicció alt i amb uns controls senzills.

Encara que alguns seguidors d'aquest tipus de jocs prefereixen la segona part de la saga Shining Force, aquest primer títol ha estat sempre molt ben valorat, mereixent molt la pena incloure'l en una bona col·lecció de Mega Drive.

1994 Soleil

Es tracta d'un fantàstic joc RPG/acció desenvolupat per la japonesa Nextech i distribuït per Sega el 1994. A Amèrica del Nord va ser presentat com a "Crusader of Centry". L'estil del joc és similar a alguns de la saga Zelda de Nintendo, encara que òbviament amb un disseny de mapes totalment diferent.

Soleil - Nextech, 1994

La història ens situa a la vila de Soleil, on una llei del poble obliga tots els nois de catorze anys a preparar-se com a guerrers. El protagonista del joc acaba de complir l'edat per formar-se també com a guerrer, i rep l'espasa i l'escut del seu pare, conegut per la seva valentia i que va morir en batalla defensant la vila. El protagonista haurà de viatjar en el temps per construir un món millor i comprendre per què els monstres que apareixen al joc estan en guerra contra la humanitat.

El seu apartat tècnic és realment bo. Els gràfics utilitzats per generar els diferents escenaris estan molt cuidats i amb força detalls. El scroll i sprites creats per al protagonista i altres personatges s'han fet amb cura.

A l'apartat sonor, tant la música com els efectes de so s'ajusten correctament a l'estil i l'acció del joc.

La seva jugabilitat és francament alta, presentant un nivell de dificultat moderat. Les accions del protagonista són senzilles d'executar en general, amb una bona resposta als controls de la consola.

En definitiva, es tracta d'un joc RPG per Mega Drive realment fantàstic. Un títol realment addictiu que permet hores de diversió gràcies sobretot al seu ben dissenyat sistema de mapes.

1994 The Story of Thor

Genial joc RPG amb clars elements del gènere beat'em up desenvolupat per la companyia japonesa Ancient i distribuït per Sega el 1994. Als Estats Units es va presentar amb el nom de "Beyond Oasis".

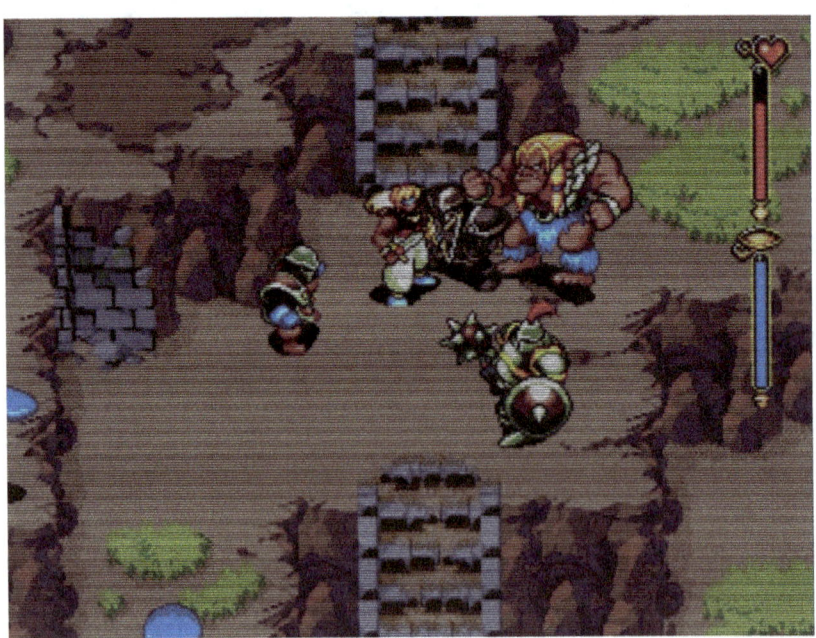

The Story of Thor - Ancient, 1994

La història ens presenta el príncep Alí, el protagonista que ha de rescatar la seva princesa. A mesura que avança el joc, el protagonista va adquirint la capacitat d'invocar diferents esperits, gràcies a un braçalet màgic. Amb cada esperit, el protagonista tindrà noves capacitats per lluitar, resoldre enigmes i assolir els objectius del joc.

Tècnicament el joc va presentar una sèrie d'elements que van ser sorprenents per a l'època. Per exemple, els gràfics emprats en el títol són de qualitat excepcional comparats amb els RPG que havien aparegut fins ara. Tant els escenaris i animacions com els sprites utilitzats per als personatges estan realitzats tots ells amb una gran tècnica, a més dels gegantins monstres que apareixen en diferents fases del títol.

A l'apartat d'àudio, la música va ser creada pel compositor japonès especialitzat en videojocs Yuzo Koshiro, conegut per haver compost entre d'altres la fantàstica banda sonora de Streets of Rage. Els seus efectes de so inclouen crits, explosions, etc., realitzats tots ells de manera magistral.

La seva gran jugabilitat està condicionada en certa manera a la gran quantitat d'accions que el protagonista pot fer.

Concloent, és un fantàstic títol RPG-beat'em up que passarà a la història com un dels millors jocs del seu gènere.

1995 Light Crusader

Excel·lent títol del gènere RPG-acció desenvolupat per la companyia japonesa Treasure i distribuït per Sega tant al Japó com a Europa i Amèrica del Nord l'any 1995.

La història ens narra les aventures de Sir David, convidat a visitar Green Row després d'un viatge recent. No ha estat allà durant molt de temps i estava ansiós per tornar. Un cop ha arribat, el rei informa a Sir David que està passant alguna cosa realment estranya: algunes persones del poble estan desapareixent. És llavors quan el rei li demana que intenti localitzar les persones desaparegudes.

La perspectiva isomètrica que s'ha utilitzat per fer el joc està molt ben aconseguida. Tant els gràfics dels personatges com dels escenaris són més que correctes, mostrant en tot conjunt una gran atmosfera i un original estil.

El títol aporta una jugabilitat sòlida que perfectament pot arribar a ser addictiva.

L'àudio que conforma la música i els efectes de so del joc rendeixen a un nivell acceptable, complint la seva comesa sense problemes.

Light Crusader - Treasure, 1995

Sens dubte, Light Crusader és un dels millors videojocs del gènere RPG-acció desenvolupat per a Sega Mega Drive. Imprescindible.

1995 Phantasy Star IV: The End of The Millenium

Genial títol del gènere RPG desenvolupat i presentat per Sega al Japó el 1993. Les versions europea i americana del joc apareixerien el 1995. Es tracta de l'últim episodi de la saga Phantasy Star per a Mega Drive.

La història d'aquest Phantasy Star IV té lloc 1000 anys després dels esdeveniments de Phantasy Star II i 1000 anys abans de l'era de Phantasy Star III. Després d'un esdeveniment anomenat el Gran Col·lapse, gran part del que va ser un tranquil planeta anomenat Motavia s'ha convertit en un gran desert, arrossegant a una vida dura als seus habitants. A més, s'ha produït un important augment en el nombre d'unes estranyes criatures anomenades biomonsters que habiten al planeta. L'objectiu del protagonista i els seus companys caçadors serà intentar exterminar aquestes criatures.

L'apartat tècnic del joc potser està poc treballat, encara que suficient per a aquest tipus de joc. Els seus gràfics apareixen ben realitzats, incloent uns variats i ben dissenyats escenaris, encara que amb un moviment dels seus personatges i el seu entorn més aviat discret.

A l'apartat d'àudio, la música està molt ben composta, adaptant-se a la perfecció segons el moment del joc, encara que tant les melodies com els efectes de so queden sovint en un segon terme.

Phantasy Star IV - Sega, 1995

Phantasy Star IV està considerat el millor títol de la saga del mateix nom, sent un joc fantàstic d'aventures realment addictiu i amb una història molt ben elaborada.

7. JOCS D'ESTRATÈGIA

En els jocs del gènere d'estratègia són importants les habilitats tècniques, la planificació i un desenvolupament correcte per poder arribar a ser el guanyador de la partida. Els jocs del subgènere d'estratègia RTS (Real Time Strategy) o estratègia en temps real són aquells en què no hi ha torns, sinó que l'acció transcorre de manera contínua en el temps. És un subgènere molt dinàmic; els jocs solen estan més desenvolupats gràficament i on se solen incloure més detalls.

Aquest setè capítol inclou per ordre cronològic una selecció de videojocs d'aquest gènere per a Mega Drive, amb una breu anàlisi i descripció de cada títol.

1990 Herzog Zwei

Fantàstic títol RTS-acció desenvolupat per la companyia japonesa Technosoft i publicat per Sega al Japó el 1989, apareixent a Europa i Estats Units un any després. És la seqüela de "Herzog", videojoc que va aparèixer el 1988 per als sistemes MSX2, PC-8801 i Sharp X1. La creació del subgènere RTS va coincidir amb l'aparició d'aquest títol de 1989.

En el joc apareixen els exèrcits Vermell i Blau, que combaten per dominar uns territoris on hi ha una sèrie de bases, entre elles la base central que és la més important. Per aconseguir arribar a dominar aquests territoris, hauran de desenvolupar diverses unitats de combat.

Tècnicament aquest títol està realment ben realitzat, incloent-hi uns escenaris ben dissenyats i uns protagonistes que fan uns canvis d'aspecte mitjançant uns efectes molt ben elaborats.

Quant a l'àudio, la seva banda sonora està ben composta, i és molt correcta per a aquest gènere, juntament amb uns efectes de so ben aconseguits.

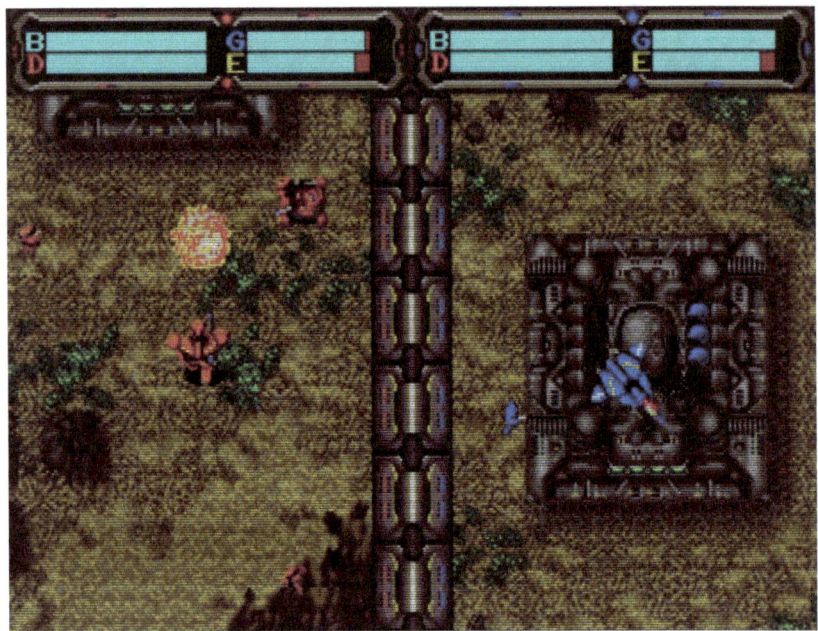

Herzog Zwei - Technosoft, 1990

Aquest divertit joc d'estratègia presenta una gran jugabilitat, amb un bon grau d'addicció i un nivell de dificultat en alguns moments realment alt.

En resum, un genial títol RTS-acció; considerat el pioner d'aquest subgènere i imprescindible a tota col·lecció de Mega Drive.

1991 Buck Rogers: Countdown to Doomsday

Títol del gènere estratègia desenvolupat i distribuït per Strategic Simulations per a PC, Commodore 64 i Amiga el 1990. Va ser presentat per Electronic Arts en una bona versió per a Mega Drive un any més tard.

La seva història ens porta fins al segle 25, on els jugadors són membres d'una organització militar secreta anomenada NEO "l'Organització de la Nova Terra", dedicada a lluitar contra el règim opressiu anomenat RAM (Mercantil Rus-Americà), una despietada corporació que governa amb duresa el sistema solar. Els jugadors són reclutats per NEO, però durant el dia de la seva graduació, la seva base a la Lluna és atacada pel RAM i per les seves tropes Genie. Després de sobreviure a l'atac, els jugadors esdevenen oficialment membres de NEO. El seu objectiu serà recórrer el sistema solar i investigar sobre l'existència d'una potent arma de RAM anomenada Doomsday.

Buck Rogers: Countdown to Doomsday - Electronic Arts, 1991

El seu apartat gràfic no destaca per ser molt sofisticat per a l'època. Inclou uns escenaris poc detallats i uns sprites més aviat petits, tot i que s'ha utilitzat correctament el color als detalls.

El seu àudio és més aviat simple i amb escassos efectes de so. La seva banda sonora és una mica irregular, destacant entre ells alguns temes realment ben compostos.

On destaca especialment aquest títol és la seva fantàstica jugabilitat. El joc inclou un sistema de combat senzill d'utilitzar i amb un menú d'acció ben dissenyat. El seu nivell de dificultat és més aviat alt, incloent una trama de joc força llarga.

Tot i el seu aspecte tècnic en general poc desenvolupat, es tracta dun gran joc destratègia per Sega Mega Drive.

1991 Centurion: Defender of Rome

Videojoc d'estratègia per torns amb seqüències de batalla a temps real, desenvolupat per Bits of Magic i publicat per Electronic Arts. Va ser originalment presentat per a MS-DOS en 1990, sent adaptat per a Commodore i Sega Mega Drive en 1991. Aquest títol és similar en el seu concepte al joc aparegut en 1987 "Defender of the Crown".

La història del joc ens situa a l'Antiga Roma de l'any 275 aC. El jugador representa el poderós Imperi Romà que al principi únicament controla una de les regions que apareixen al mapa. L'objectiu final del jugador és conquerir totes les províncies que hi ha al mapa del joc.

Centurion: Defender of Rome - Bits of Magic, 1991

Gràficament, els escenaris i els personatges que hi apareixen estan realitzats correctament, tot i que totes les batalles es produeixen d'una manera molt semblant.

Pel que fa al so, sense ser gaire cridaner, tant els efectes com la música que inclou ens transporten a l'època on es desenvolupa la història.

Tot i les seves limitacions tècniques, "Centurion: Defender of Rome" està considerat com un dels grans clàssics del gènere d'estratègia per torns.

1992 Mega-Lo-Mania

Joc del subgènere estratègia RTS programat per la companyia britànica Sensible Software i distribuït per Image Works inicialment per a Commodore Amiga el 1991. Posteriorment apareixeria per a altres sistemes, com Sega Mega Drive (publicat per Virgin Interactive el 1992), Atari ST, Super Nintendo, Sharp X68000 o PC-98. A Estats Units va aparèixer amb el nom "Tyrants: Fight Through Time".

El joc consisteix principalment a donar instruccions als habitants del territori del jugador perquè realitzin uns determinats treballs, com formar exèrcits, construir edificacions o fabricar armes, amb l'objectiu de derrotar els seus contrincants destruint les seves edificacions i eliminant els habitants del poblat. L'inici del joc se situa a la prehistòria, fins a arribar a un món tecnològicament molt avançat on apareixen naus espacials i armes làser. Bàsicament és una carrera per saber qui pot dissenyar els diferents elements del joc i fabricar-los primer. Si es realitza ràpidament el procés de producció, es podrà utilitzar contra els seus oponents i vèncer al joc.

Mega-Lo-Mania - Sensible Software, 1992

Tècnicament el joc es va fer a un gran nivell, dins òbviament de les possibilitats de l'època. Les animacions dels personatges, malgrat la seva petita mida, propi d'un joc d'aquestes característiques, estan realment ben dissenyades, incloent-hi uns sprites correctament realitzats. Els escenaris que representen els territoris també compleixen amb escreix la seva funció.

Pel que fa a l'àudio, apareixen unes encertades composicions per a aquest tipus de joc, juntament amb uns efectes de so més que correctes.

Quant a la seva jugabilitat, és un joc divertit, original i realment addictiu. Es tracta d'un títol amb llargues fases i amb un nivell de dificultat de joc més aviat alt.

Gran títol d'estratègia en temps real que no hauria de faltar en qualsevol col·lecció de Mega Drive.

1993 General Chaos

Original i molt entretingut joc pertanyent al subgènere d'estratègia RTS amb influències arcade i clars elements satírics, programat per la companyia nord-americana Game Refuge Inc. i distribuït per Electronic Arts exclusivament per a Mega Drive i Genesis el 1993.

General Chaos - Game Refuge, 1993

La història se centra en els germans Chaos i Havoc, que des de la infantesa han rivalitzat per diferents causes. Anys després, els dos germans continuen culpant-se mútuament d'alguns actes i es distancien. Amb el temps, tots dos es converteixen en dictadors militars dels països ficticis de

Moronica i Viceria. Els dos generals Chaos i Havoc lluiten entre si durant anys, però malgrat totes les batalles que es lliuren a tot el país, no aconsegueixen la victòria. Després d'uns quants dies d'anàlisi, prenen la decisió d'utilitzar una sèrie de grups de soldats, tots especialitzats en un tipus particular d'arma, per passar comptes entre ells.

En el seu apartat gràfic, el joc utilitza correctament la perspectiva isomètrica, on apareixen uns gràfics amb uns escenaris correctes i uns personatges amb encertades animacions i amb una mida més aviat gran.

Pel que fa al so, la música que inclou és acceptable, adaptada correctament a les escenes del joc, juntament amb uns originals i divertits efectes d'àudio.

La jugabilitat del títol al començament no és senzilla, necessitant un temps fins a poder controlar les accions dels personatges. Un cop aconseguit aquest control, és un joc original que en barrejar l'estratègia i l'acció resulta força divertit i addictiu, sobretot en el mode multijugador, que permet fins a quatre jugadors.

1994 Cannon Fodder

Joc del gènere estratègia-acció amb alguns elements shoot'em up desenvolupat originalment per l'empresa britànica Sensible Software per a Commodore Amiga i publicat per Virgin Interactive Entertainment el 1993. Un any més tard va ser adaptat per als sistemes Mega Drive, SNES o Atari ST, entre d'altres.

El títol està ambientat en un entorn militar, on l'objectiu del joc és mantenir vius els soldats, que formats en esquadrons dirigeix el jugador. Apareixen diferents tropes a través de nombroses missions, lluitant entre altres elements contra infanteria, vehicles i instal·lacions militars. A mida que es completen les missions amb èxit, s'uneixen més soldats a l'esquadró del jugador. Si la totalitat de soldats dirigits pel jugador cauen en batalla, la partida finalitza.

Tècnicament, el joc està realment ben desenvolupat. Les diferents animacions dels personatges tenen un disseny ben realitzat, malgrat la mida petita dels personatges, i amb uns escenaris que superen l'aprovat amb escreix.

Pel que fa a l'àudio, la música composta i efectes de so són apropiats per a l'estil del títol.

A l'apartat de la jugabilitat, Cannon Fodder resulta ser força llarg i entretingut, mostrant un nivell de dificultat més aviat alt i progressiu a mida que avancen les diferents fases de joc.

Cannon Fodder - Sensible Software, 1994

Un cop s'arriba a prendre correctament el control dels personatges, Cannon Fodder aconsegueix ser un bon títol d'acció i estratègia, força addictiu i realment divertit.

8. JOCS D'ESPORTS

Durant tots els anys de producció de Sega Mega Drive, els diferents desenvolupadors de software que van fer jocs per a aquest sistema van presentar multitud de títols del gènere d'esports. Com s'ha comentat anteriorment, aquest fet es va deure en gran mesura a una estratègia de Sega: prendre participació de mercat també per aquesta via a la dominant NES de Nintendo de finals dels anys 80.

Aquest vuitè capítol inclou per ordre cronològic una selecció de videojocs d'aquest gran gènere per a molts aficionats de Sega Mega Drive, incloent-hi una breu anàlisi i descripció de cada títol.

1991 Super Hang-On

Mític joc de curses de motos programat per Sega AM2. Es tracta d'una seqüela del conegut títol "Hang-On" de 1985 dels salons recreatius. Va ser adaptat i distribuït per Sega a altres sistemes com ZX Spectrum, Commodore Amiga o Mega Drive. La versió per a MD es va presentar a Europa el 1991.

Aquest gran títol de Sega inclou dos modes de joc: el mode Arcade, molt similar a la famosa versió de 1985 dels salons de recreatives; i el mode Original, on permet preparar la moto per a la competició, millorant la seva mecànica amb els diferents premis en metàl·lic que s'aconsegueixen després de les victòries a les curses.

Tècnicament, Super Hang-On presenta uns gràfics molt similars als que incloïa la versió dels salons recreatius. Els personatges estan ben dissenyats, encara que potser massa semblants entre ells. On aquest apartat millora de manera important és en la realització del disseny dels diferents circuits i en la simulació de velocitat a pista.

Quant a l'àudio, tant la música com els efectes són molt similars als de la versió original arcade.

Super Hang-On - Sega, 1991

La seva jugabilitat també és molt semblant a la de la versió dels salons recreatius de mitjans dels 80. Els moviments per controlar el protagonista són àgils i gens complicats, com és habitual en aquest gènere de jocs de l'època.

El recordat per molts aficionats Super Hang-On de Sega Mega Drive és sense cap dubte un gran títol de curses de motos que inclou unes llargues i divertides fases de joc.

1992 Ayrton Senna's Super Monaco GP II

Títol de curses F1 racing-arcade que al principi va ser ideat per Tectoy, companyia de joguines brasilera i distribuïdora de Sega en aquest país. Va ser desenvolupat per Sega Japó i distribuït en exclusiva per als seus diferents sistemes: per a Sega Mega Drive el 1992 i posteriorment per a Master System i Game Gear. Es tracta d'una seqüela del títol Super Monaco GP, també programat per Sega.

El joc inclou tres modes de joc: un mode Pràctica, un campionat especial de tres carreres denominat "Senna GP" i una temporada del Campionat del Món de F1.

Ayrton Senna's Super Monaco GP II - Sega, 1992

L'equip de Sega va fer per a aquest joc un gran treball de programació, millorant notablement l'entorn general respecte al primer títol aparegut, tant dels circuits com del disseny dels cotxes.

A l'apartat d'àudio, inclou una música en tot moment correcta i uns efectes de so ben realitzats.

La seva jugabilitat és francament bona, molt similar a la del primer títol aparegut, amb força circuits on participar, un nivell de dificultat més aviat difícil i uns controls del joc gens complicats.

Ayrton Senna's Super Monaco GP II és sens dubte un gran joc de Fórmula 1 que aconsegueix millorar en diversos aspectes i de manera notable al seu predecessor.

1993 NHL Hockey '94

Icònic títol d'hoquei sobre gel desenvolupat per EA Canada i publicat per EA Sports el 1993. El joc té llicència oficial de la Lliga Nacional d'Hoquei i l'Associació de Jugadors de la NHL, això significa que presenta equips i jugadors reals de la temporada 1993. NHL Hockey '94 va obtenir grans elogis per part de la crítica, i fins i tot de vegades es va qualificar en aquella època com el millor joc d'hoquei de tots els temps.

El títol inclou diversos modes de joc: Temporada, Playoffs i Shootout. Poden jugar simultàniament fins a quatre jugadors amb un adaptador especial com el Team Player de Sega. El cartutx inclou una pila tipus botó per al registre dels jugadors i el progrés durant les diferents fases del joc.

NHL Hockey '94 - EA Canada, 1993

EA Canada va realitzar un gran treball tècnic. Els sprites dels jugadors es mouen suaument per la pista, mostrant una bona animació. Els gràfics i moviments del públic que apareixen, encara que discrets, estan correctament realitzats. A partir d'aquesta edició, Electronic Arts va eliminar les conegudes baralles de jugadors d'hoquei, a causa de les regulacions de la NHL de l'època.

Pel que fa a l'àudio, tant la música inicial com la que apareix durant el joc estan ben composta. Els efectes de so són bons, basats principalment en grunyits i gemecs, al costat d'un públic que esbronca o anima.

Els controls i la jugabilitat són correctes, amb un nivell de dificultat mitjà/alt en el mode de joc contra la CPU, sent realment divertit en el mode multijugador. El pad de Sega respon en tot moment perfectament a l'acció dels jugadors.

NHL '94 de EA Canada és sens dubte un excel·lent joc d'hoquei, mereixent estar catalogat entre els millors del seu gènere.

1993 Side Pocket

Joc de billar desenvolupat i distribuït per Data East que va aparèixer als salons recreatius el 1986. La versió per a Sega Mega Drive va aparèixer el 1993. També es va presentar per a altres sistemes com Game Gear, Super Nintendo o Game Boy.

Side Pocket segueix estrictament les normes establertes del joc de billar. Disposa de diverses maneres de joc, com 1P Pocket Game, on el jugador ha de disputar partides a diferents ciutats americanes. En el mode Trick Game s'ha de jugar a unes taules on les boles es troben col·locades en diferents posicions. També inclou diferents modes de joc per a dos jugadors.

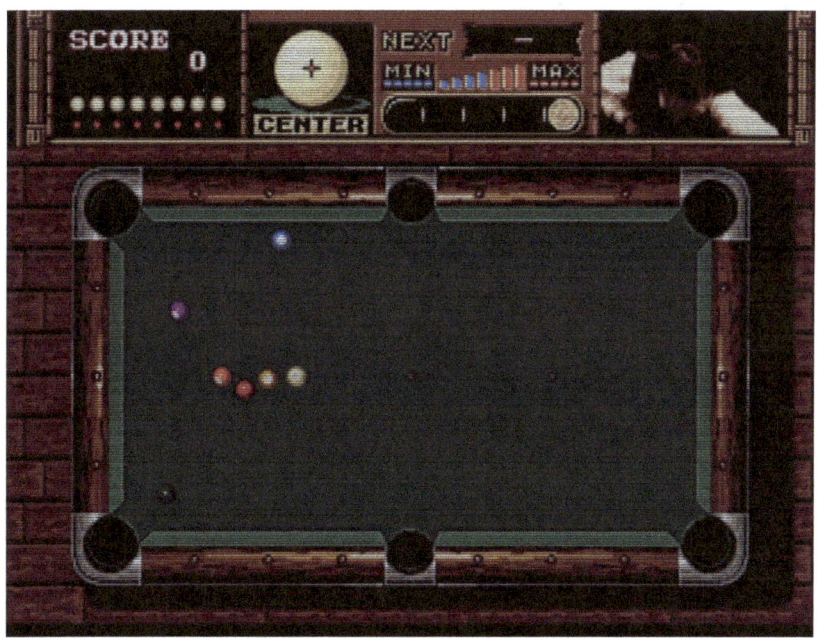

Side Pocket - Data East, 1993

Els gràfics creats en vista zenital per a les diferents taules s'han realitzat correctament tenint en compte que aquest apartat no és especialment exigent per a aquests tipus de joc. Els moviments generats per a les boles són suaus i proporcionats segons la intensitat del tir.

A l'apartat d'àudio, s'hi han inclòs uns temes ben compostos i uns efectes de so de qualitat diferents.

La jugabilitat és sens dubte la part més notable del títol. Disposa d'un control molt similar al del joc real, amb moviments senzills i bona resposta del comandament de Sega. Quant a la dificultat, el seu nivell s'adapta segons la localitat on es disputin les partides i el contrincant a batre.

Side Pocket és una versió del joc molt similar a l'original per a salons recreatius aparegut a mitjans dels anys 80, i que fins i tot ho millora en diversos aspectes. Un gran títol de billar per a Sega Mega Drive.

1994 Greatest Heavyweights

Fantàstic títol de boxa desenvolupat en exclusiva per a Mega Drive i Genesis per la companyia nord-americana Acme Interactive. Va ser presentat al Japó per Sega el 1993, apareixent a Europa un any més tard. El joc pot considerar-se una seqüela del títol "Evander Holyfield's Real Deal Boxing" de 1992.

El joc es divideix en els modes Exhibició, Torneig i Carrera, i inclou vuit dels boxejadors de pes pesat amb més èxit de la història: Muhammad Ali, Jack Dempsey, Joe Frazier, Larry Holmes, Evander Holyfield, Joe Louis, Rocky Marciano i Floyd Patterson. A més apareixen en el joc trenta contrincants més de noms ficticis.

Tècnicament aquest gran títol de boxa és excepcional. Els gràfics desenvolupats per Acme Interactive són realment impressionants per a un títol de Mega Drive/Genesis, utilitzant una perspectiva lateral amb uns primers plans molt detallats. El disseny dels personatges s'han realitzat també amb tota mena de detall, inclòs el públic que envolta el ring. L'animació de tots els protagonistes són àgils, mostrant un conjunt de bons moviments.

L'àudio desenvolupat per a aquest títol és senzillament fantàstic: les veus digitalitzades es reprodueixen molt nítides, a més d'una sèrie de sons de cops autèntics juntament amb altres efectes; així com la veu de Michael Buffer, el presentador que anuncia combats de boxa reals. Cadascun dels boxejadors utilitza els seus propis insults per humiliar els seus contrincants.

Pel que fa a la jugabilitat, el títol és compatible amb el pad especial de sis botons, per això fa l'experiència molt més divertida i intensa, amb unes fases llargues en mode Carrera i una manera per a dos jugadors molt addictiva.

Greatest Heavyweights - Acme Interactive, 1994

Greatest Heavyweights és en definitiva un genial joc de boxa per a Mega Drive, que va superar en bastants aspectes l'anterior títol d'Acme Interactive de l'any 1992.

1994 Madden NFL '95

Especial títol de futbol americà desenvolupat per High Score Productions i distribuït per EA Sports el 1994. Va ser el primer joc de la sèrie Madden NFL que va obtenir la llicència oficial de la Lliga Nacional i la llicència de l'Associació de Jugadors de la NFL, el que va permetre que apareguessin tant els autèntics noms dels equips com els dels seus jugadors.

A l'apartat tècnic, High Score Productions va realitzar una bona feina pel que fa a l'animació dels jugadors. El terreny de joc es va modificar respecte a les versions anteriors escalant-lo amb més precisió d'acord amb la proporció dels jugadors, donant-li així un aspecte més realista. Tot i això, els sprites dels jugadors i els gràfics en general van ser rebuts per la crítica de l'època de manera desigual: bona part dels analistes van comentar que podien haver-se millorat.

La música i els efectes de so sí que van ser millorats respecte als títols anteriors de la saga Madden.

Pel que fa a la jugabilitat, el control dels jugadors és realment molt bo, mostrant en tot moment una bona velocitat general del joc i una intel·ligència artificial de la CPU de les millors de la saga.

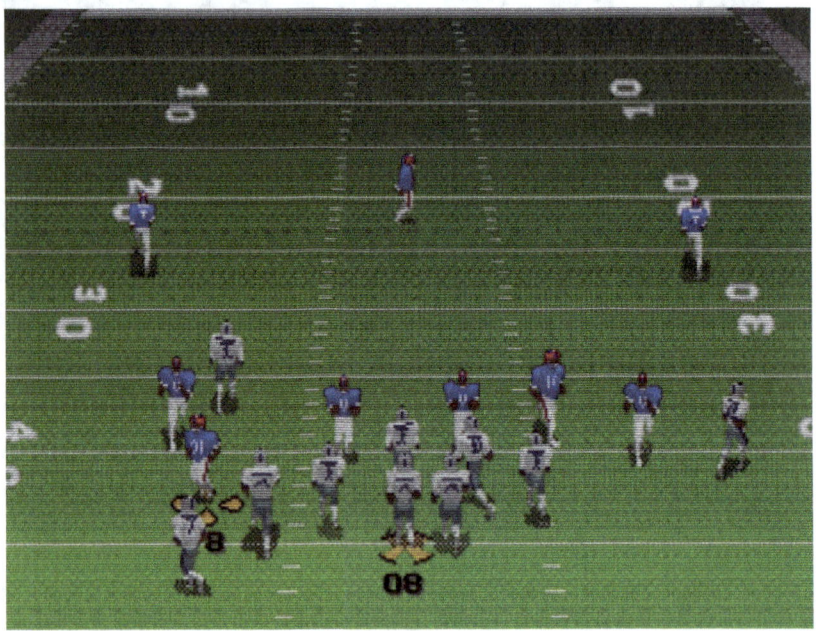

Madden NFL '95 - High Score Productions/EA Sports, 1994

Madden NFL '95 pot considerar-se com un dels millors títols de futbol americà per a Sega Mega Drive.

1994 NBA Live 95

Joc de bàsquet programat per la companyia nord-americana Hitmen Productions i distribuït per EA Sports tant a Europa com als Estats Units el 1994. Va aparèixer també per a altres plataformes com MS-DOS o Snes.

A mitjans dels anys 90 per a molts aficionats al bàsquet no existia un videojoc que representés dignament aquest esport en versió de la NBA americana, fins que va aparèixer aquest gran títol. Va ser el primer videojoc oficial NBA que presentava equips ficticis personalitzats a més de jugadors reals. Al menú apareixen dos modes bàsics: mode Arcade i mode Simulació.

Tècnicament el joc és excel·lent. Dissenyat des d'una perspectiva isomètrica de la pista, amb un mesurador per als tirs lliures i un control especial per donar als jugadors velocitat en cursa. El títol inclou unes animacions correctes, amb uns jugadors que es mouen àgilment dins del terreny de joc.

Hitmen Productions va incloure gran varietat de regles i canvis, tot plegat juntament amb una música ben composta i uns molt bons efectes de so.

NBA Live 95 - Hitmen Productions/EA Sports, 1994

Tot allò relacionat amb els gràfics del joc està molt ben definit, des de les presentacions dels jugadors fins a les estadístiques dels equips. La jugabilitat de NBA Live '95 és realment molt bona.

A diferència d'altres títols de bàsquet, el mode Simulació no és gaire difícil. Les passades entre els jugadors no són complicades, amb uns trets a cistella que tampoc presenten dificultat. A més, el desenvolupament del joc no presenta gaires interrupcions per decisions arbitrals.

Sens dubte, NBA Live '95 és una de les millors opcions de jocs de bàsquet en els diferents sistemes de 16 bits.

1994 Pete Sampras Tennis

Gran joc de tennis programat per la companyia britànica Zeppelin

Games i distribuït per Codemasters en exclusiva per als sistemes Sega Mega Drive i Game Gear el 1994.

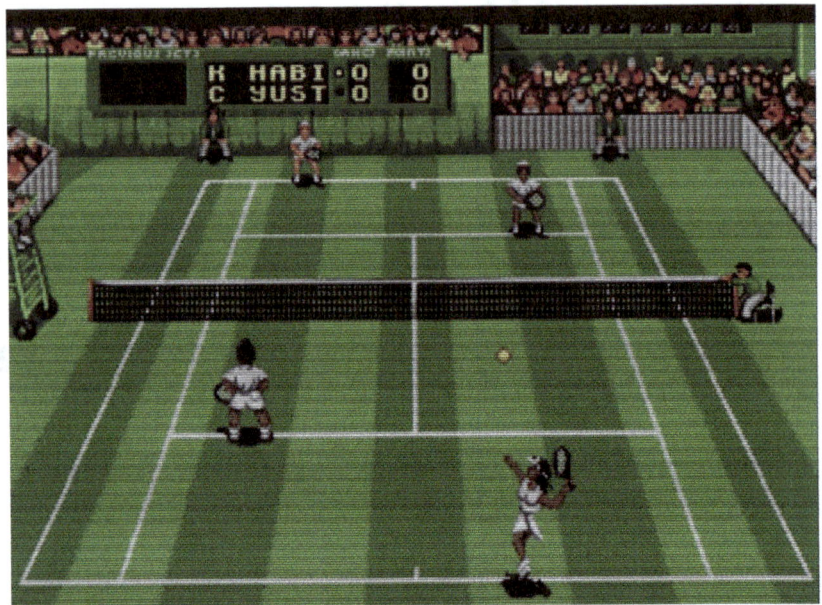

Pete Sampras Tennis - Zeppelin Games/Codemasters, 1994

El joc inclou diverses maneres de joc: partida contra un segon jugador, contra la CPU o en mode dobles, tant amb un company controlat per la consola com contra dos jugadors més, o bé amb tres jugadors més, en ser compatible el joc amb fins un total de quatre jugadors. El cartutx disposa de connexió per a dos comandaments extra. El joc a més inclou un mode Torneig i un Campionat Mundial. Hi ha altres dos modes de joc ocults (Crazy i Huge Tennis) que poden desbloquejar-se mitjançant el password "Zeppelin".

Pete Sampras Tennis mostra un gran nivell tècnic en línies generals. Els sprites dels jugadors estan ben dissenyats, incloent unes correctes i àgils animacions de tots ells a les diferents pistes de joc.

A l'apartat de so, la música que apareix està ben composta, tot i que el títol no disposa de gaires melodies en ser un esport on preval el silenci. Els efectes de so que inclou, com ara els utilitzats per al copejament de la pilota o per al públic, són de gran qualitat.

La seva jugabilitat és realment alta, amb uns senzills controls dels jugadors que permeten uns cops de pilota correctes després d'una mica de pràctica. El nivell de dificultat està ben adaptat als diferents moments del joc, sent especialment divertida la manera a quatre jugadors.

En resum, Pete Sampras Tennis està considerat com el millor títol de tennis per a Mega Drive i un dels millors per a sistemes de 16 bits.

FIFA 97

Quart títol de futbol de la saga FIFA desenvolupat per Extended Play Productions i distribuït per EA Sports el 1996. FIFA 97 també va aparèixer aquest mateix any per a altres sistemes, com Sega Saturn, PlayStation o Snes.

Fifa 97 - Extended Play Productions/EA Sports, 1996

Els modes de joc es divideixen en partit Amistós, Lliga, Torneig, Playoffs i Pràctica. Els tornejos són a l'estil de la Copa del Món; el mode Lliga és una temporada; els Playoffs inclouen només una fase eliminatòria; el mode Pràctica permet entrenar i practicar a pilota parada. A les opcions de joc es pot ajustar el clima, el temps de joc, no senyalització de faltes, etc. A més, es poden crear fins a quatre equips amb jugadors personalitzats.

Una de les grans novetats d'aquest títol és l'opció de joc a la pista coberta, amb equips de 6 jugadors inclòs el porter. El joc en aquest mode es desenvolupa a alta velocitat, amb una pilota que no surt de banda ni de fons en cap moment.

Els gràfics creats per Extended Play són excel·lents, utilitzant un angle de càmera amb efecte 3-D en vista diagonal. Els dissenys dels jugadors són poligonals, a diferència dels utilitzats en anteriors versions.

La correcta animació dels jugadors es va realitzar de forma molt similar a la utilitzada per a PlayStation. Els gràfics de l'entorn són molt bons, amb un aspecte diferent del terreny de joc segons el clima.

L'àudio en general és correcte, amb música ben composta i uns ben generats efectes de so, com ara el públic cantant i animant el seu equip.

La seva jugabilitat és bona, sent realment divertit en els seus diferents tipus de joc, especialment en el mode a pista coberta. El nivell de dificultat pot ser adaptat als gustos del jugador gràcies als modes de joc que inclou: Arcade, Acció i Simulació.

FIFA 97 és sens dubte un dels millors jocs de futbol per a Mega Drive, superant fins i tot en alguns aspectes a alguns títols posteriors que van aparèixer per a altres sistemes de 16 bits.

1996 International Superstar Soccer Deluxe

Gran títol de futbol amb clars elements arcade i seqüela del joc "International Superstar Soccer" de Konami. Aquesta versió per a Mega Drive va ser desenvolupada per la companyia germano-americana Factor 5 i publicada per Konami en 1996. Va aparèixer prèviament per a SNES (1995) i posteriorment per a Playstation (1997). Al Japó és conegut com "Jikkyou World Soccer 2: Fighting Eleven".

A International Superstar Soccer Deluxe apareixen sis modes de joc diferents:
- Open Game: partit amistós contra un altre jugador o contra la CPU, amb l'opció d'escollir estadi, clima, nombre de jugadors de camp o el nivell d'habilitat del porter.
- Mode Escenari: mode on es poden recrear fins a dotze partits històrics diferents.
- Copa Internacional: mode Copa del Món que comença en rondes preliminars.
- Sèrie Mundial: lliga de 36 equips que s'enfronten a doble partit.
- Penalties: 5 penals amb mort sobtada en cas d'empat.
- Entrenament: inclou 3 modes: entrenaments lliures on es poden provar els controls de joc, tirs lliures i tirs des de córner.

Gràficament, el joc presenta jugadors de grans dimensions i unes més que correctes animacions, a més d'uns terrenys de joc ben realitzats.

La música que apareix és apropiada per a aquest tipus de joc, sent superada pels excel·lents efectes de so que es poden escoltar, com les veus del públic, que es troben molt ben adaptades digitalment.

International Superstar Soccer Deluxe - Factor 5/Konami, 1996

Pel que fa a la seva jugabilitat, és molt similar al títol original, sent un joc de futbol realment divertit. A més, poden enfrontar-se fins a un total de 8 jugadors mitjançant un adaptador especial. El joc també permet regular en tot moment el nivell de dificultat.

International Superstar Soccer Deluxe és en definitiva un molt bon títol de futbol que sens dubte s'ha d'incloure entre els millors del gènere per a Mega Drive.

9. SELECCIÓ DE PORTADES

Hi ha alguns aspectes que fan realment especial la mítica consola de 16 bits produïda per Sega. Un d'aquests especials detalls que envoltaven la Mega Drive són les resistents caixes on s'incloïen el cartutx i el manual del videojoc, i on també apareixien en un bon nombre unes fantàstiques il·lustracions realitzades amb gran tècnica.

A diferència d'altres sistemes que feien servir fràgils caixes de cartró, aquests magnífics dibuixos apareixien protegits per aquestes resistents caixes de plàstic, similars a les de les cintes de videocasset de l'època. Alguns d'aquests dibuixos que apareixien a les caràtules són considerats moltes vegades per aficionats i col·leccionistes com a petites obres d'art.

En aquest novè capítol apareixen per ordre alfabètic, i deixant a part el nivell de qualitat de cada joc, una selecció d'aquelles genials portades de les caràtules dels especials títols de Mega Drive que han proporcionat, i encara ho segueixen fent, moltes hores de diversió i també de passió pel col·leccionisme de videojocs.

668 ATTACK SUB - 1991

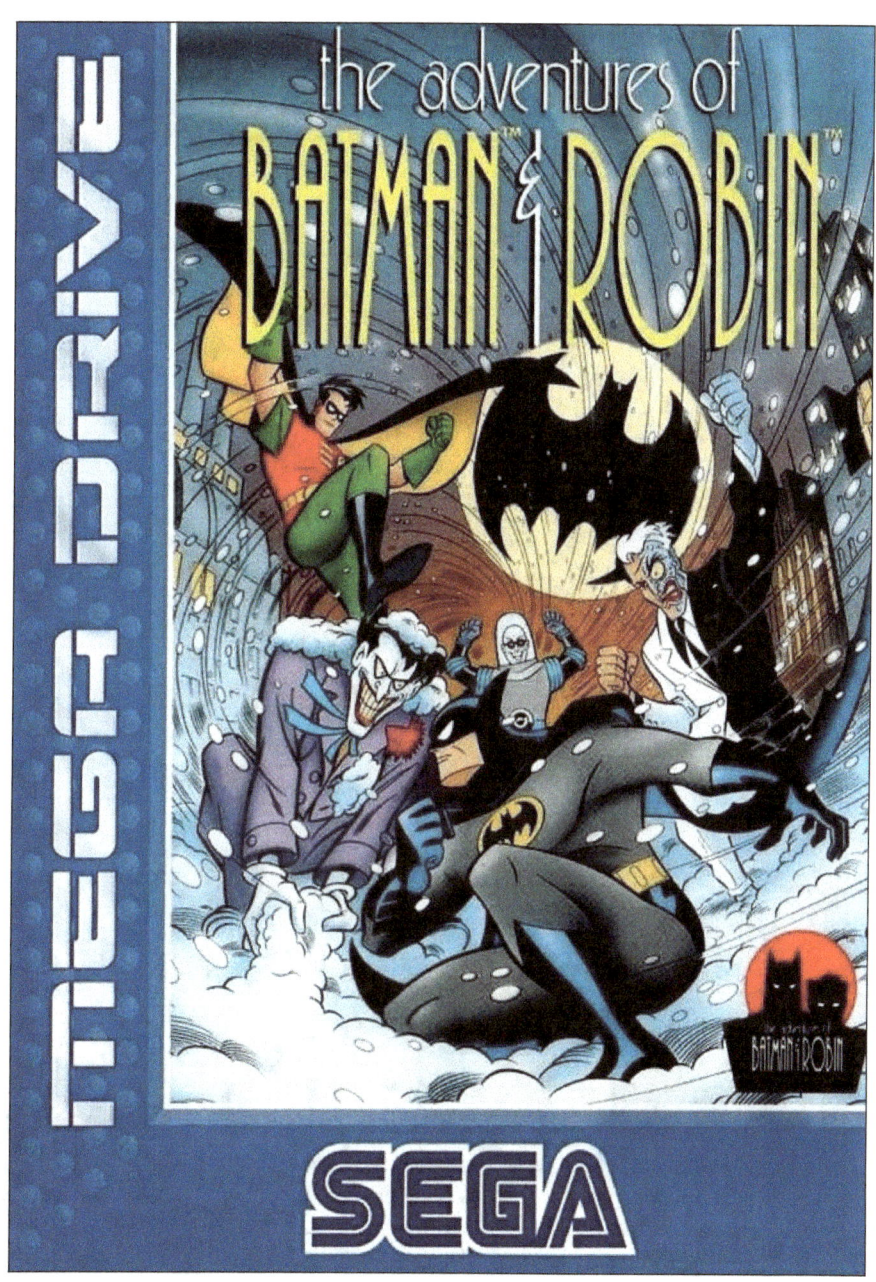

ADVENTURES OF BATMAN & ROBIN, THE - 1995

ALISIA DRAGOON - 1992

BUCK ROGERS COUNTDOWN TO DOMMSDAY - 1991

CAPTAIN AMERICA AND THE AVENGERS - 1992

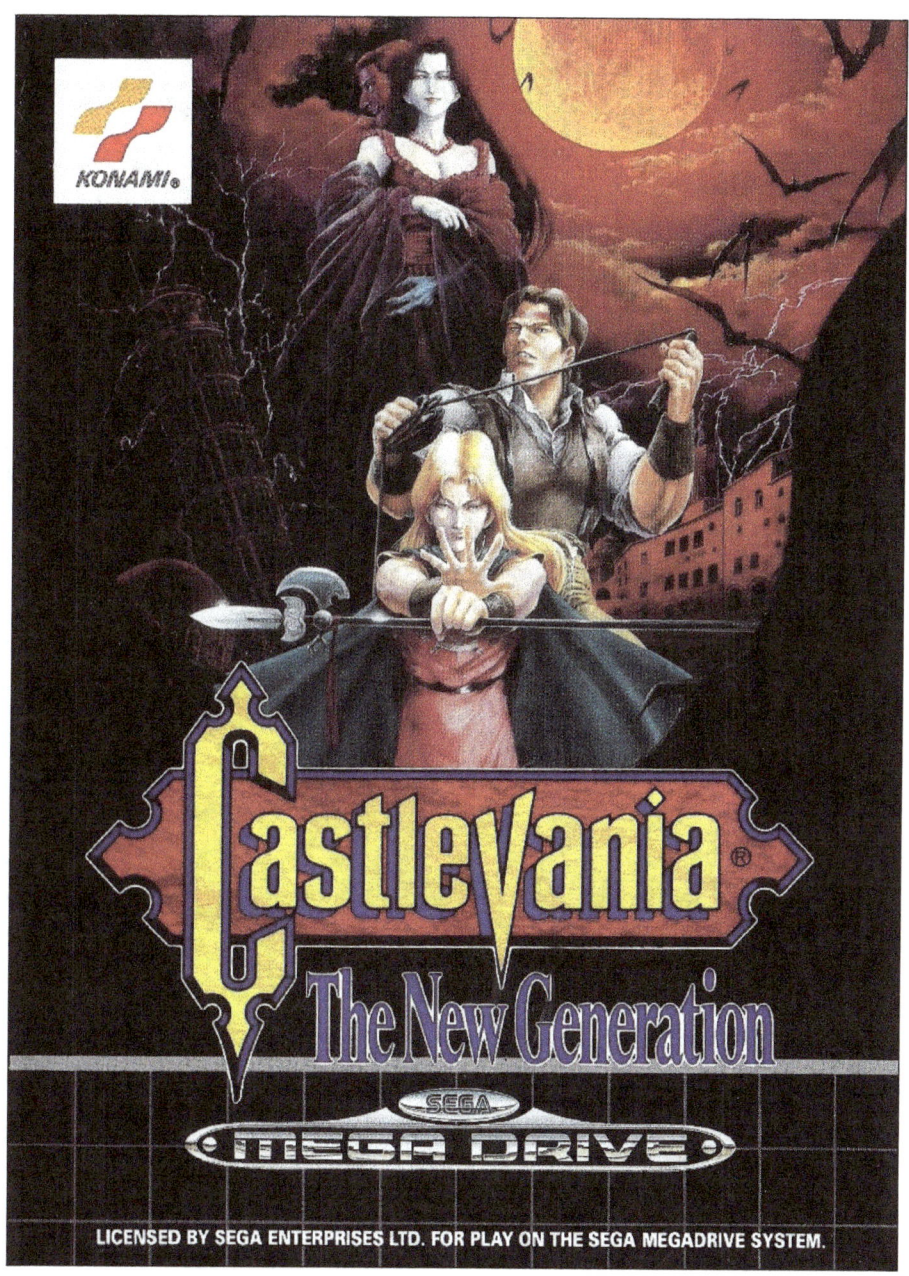

CASTLEVANIA THE NEW GENERATION - 1994

COMIX ZONE -1995

DRAGON BALL Z L'APPEL DU DESTIN - 1994

EMPIRE OF STEEL - 1992

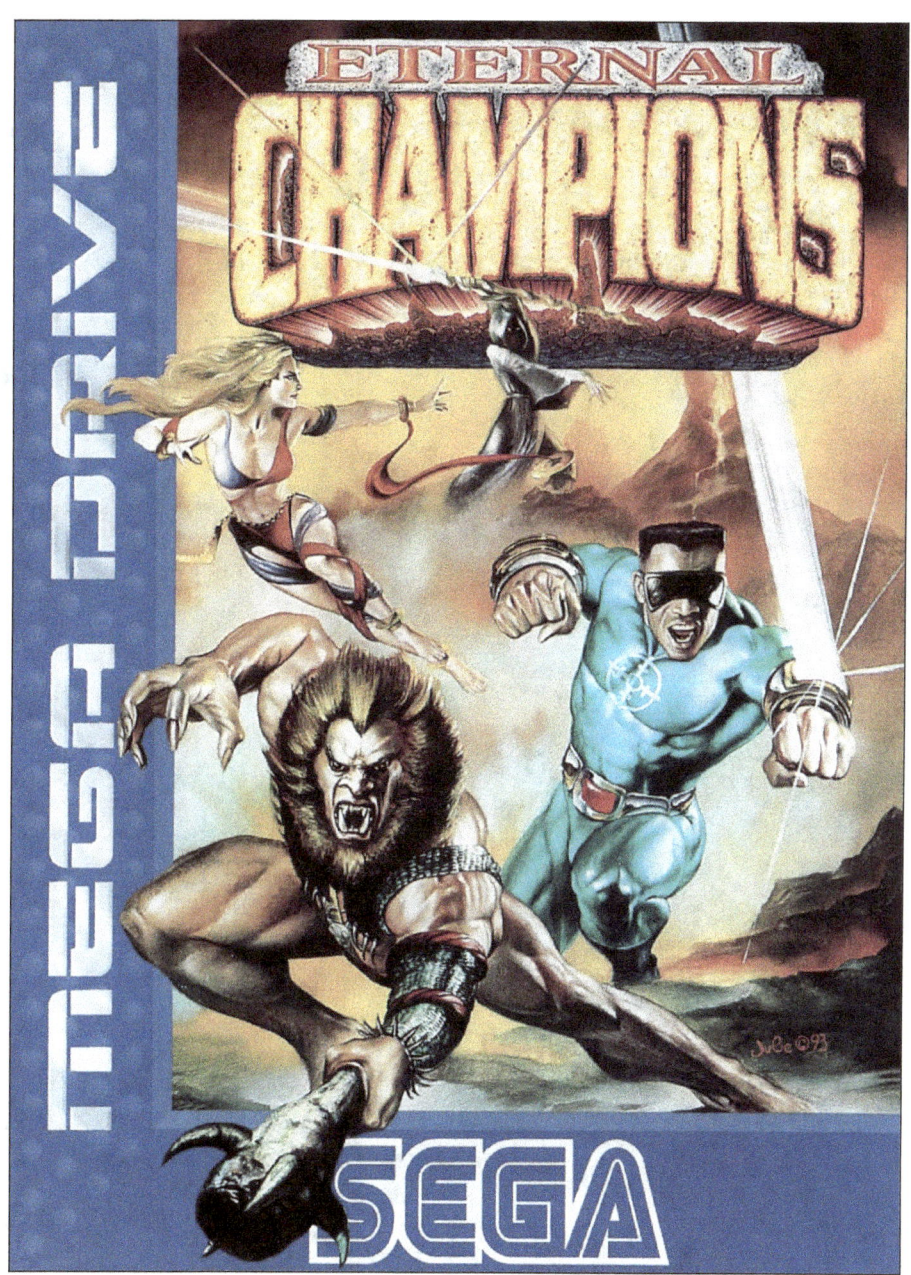

ETERNAL CHAMPIONS - 1993

FATAL FURY 2 - 1994

GALAXY FORCE II - 1991

GHOULS'N GHOSTS - 1989

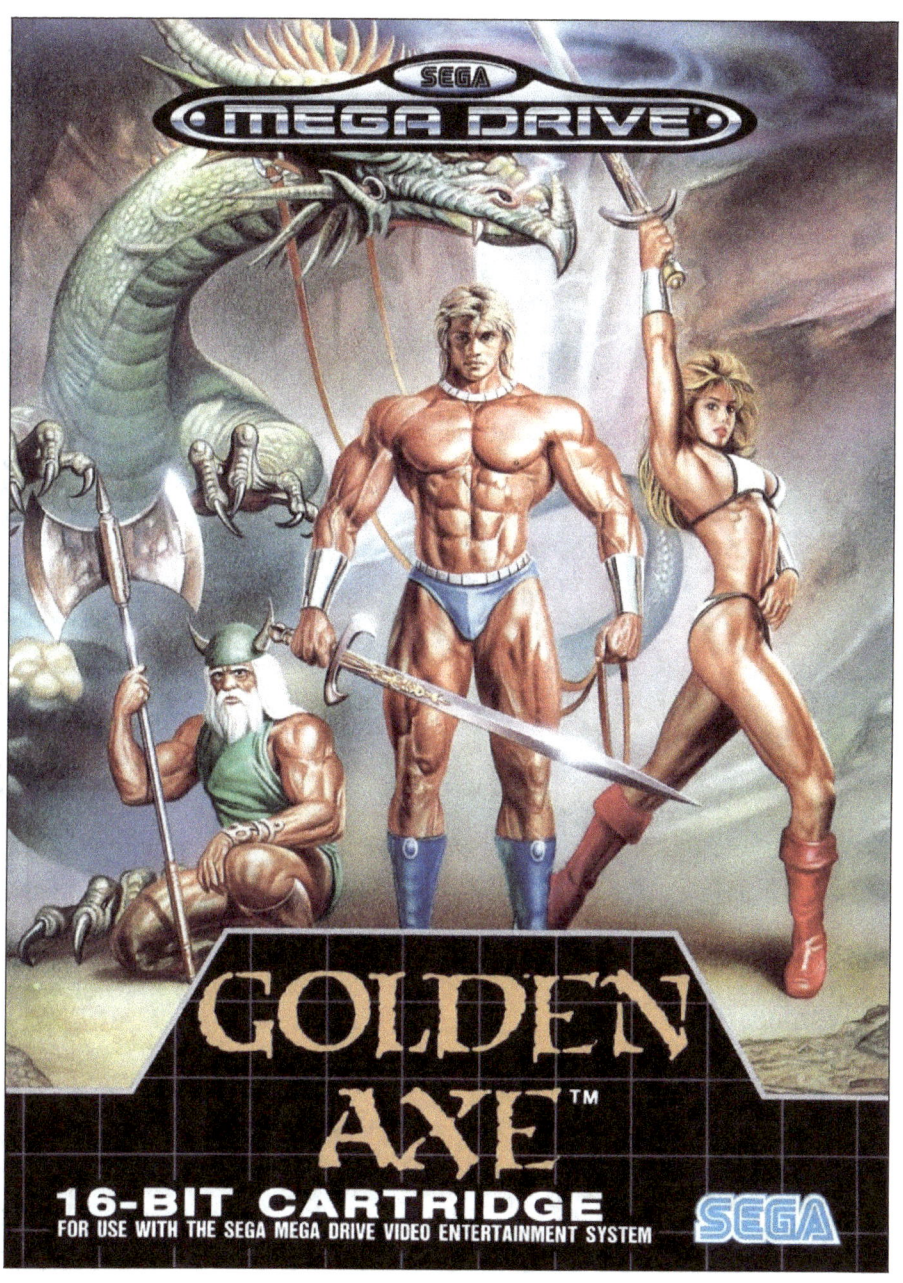

GOLDEN AXE - 1989

GYNOUG - 1991

HERZOG ZWEI - 1989

JUSTICE LEAGUE TASK FORCE - 1995

MAZIN WARS - 1993

MEGA TURRICAN - 1995

PHELIOS - 1990

RISKY WOODS - 1992

SHINING FORCE - 1993

SPLATTERHOUSE 2 - 1992

STARFLIGHT - 1991

STREET FIGHTER II: SPECIAL CHAMPION EDITION - 1993

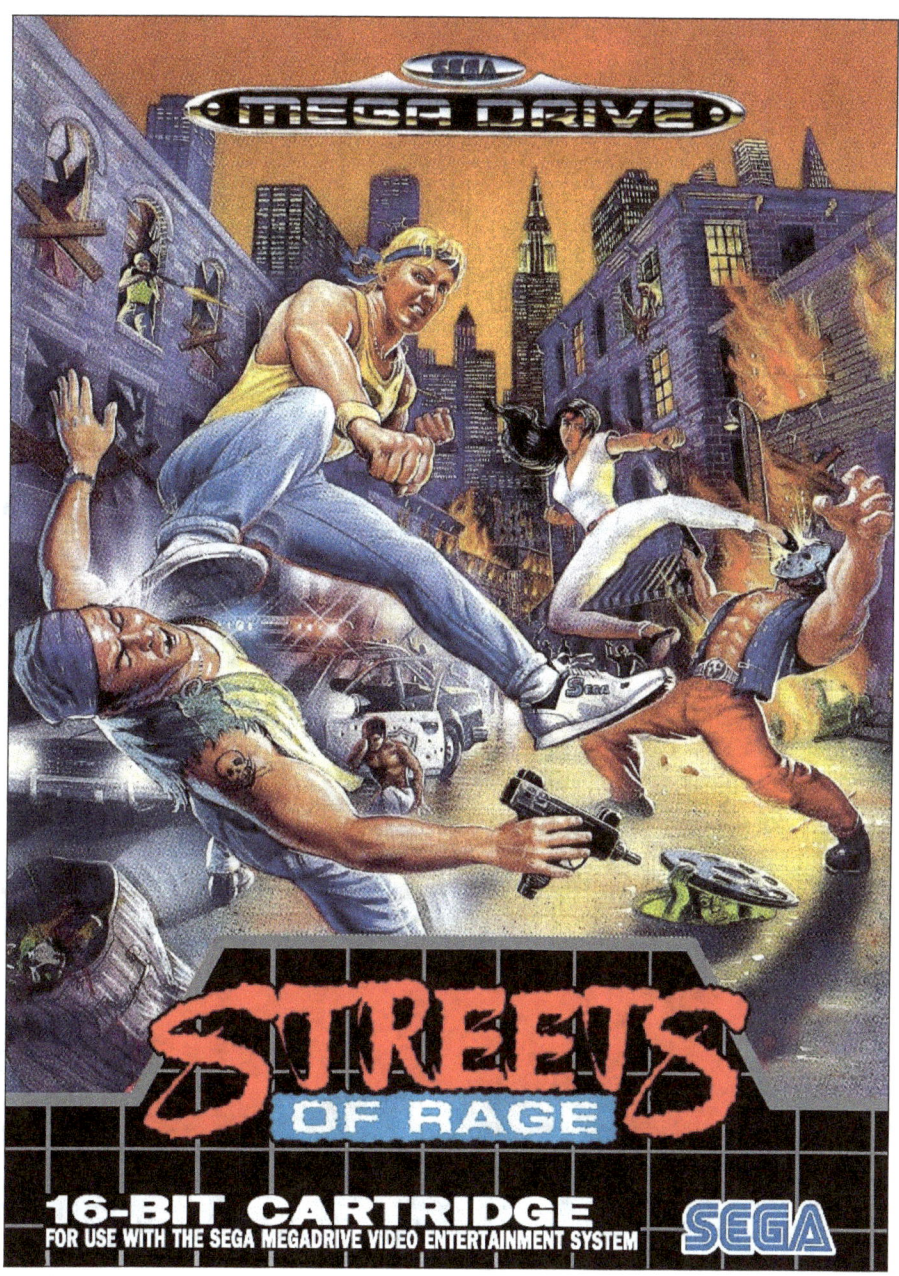

STREETS OF RAGE - 1991

SUB TERRANIA - 1993

SUNSET RIDSERS - 1992

STAR TREK: DEEP SPACE NINE - CROSSROADS OF TIME - 1995

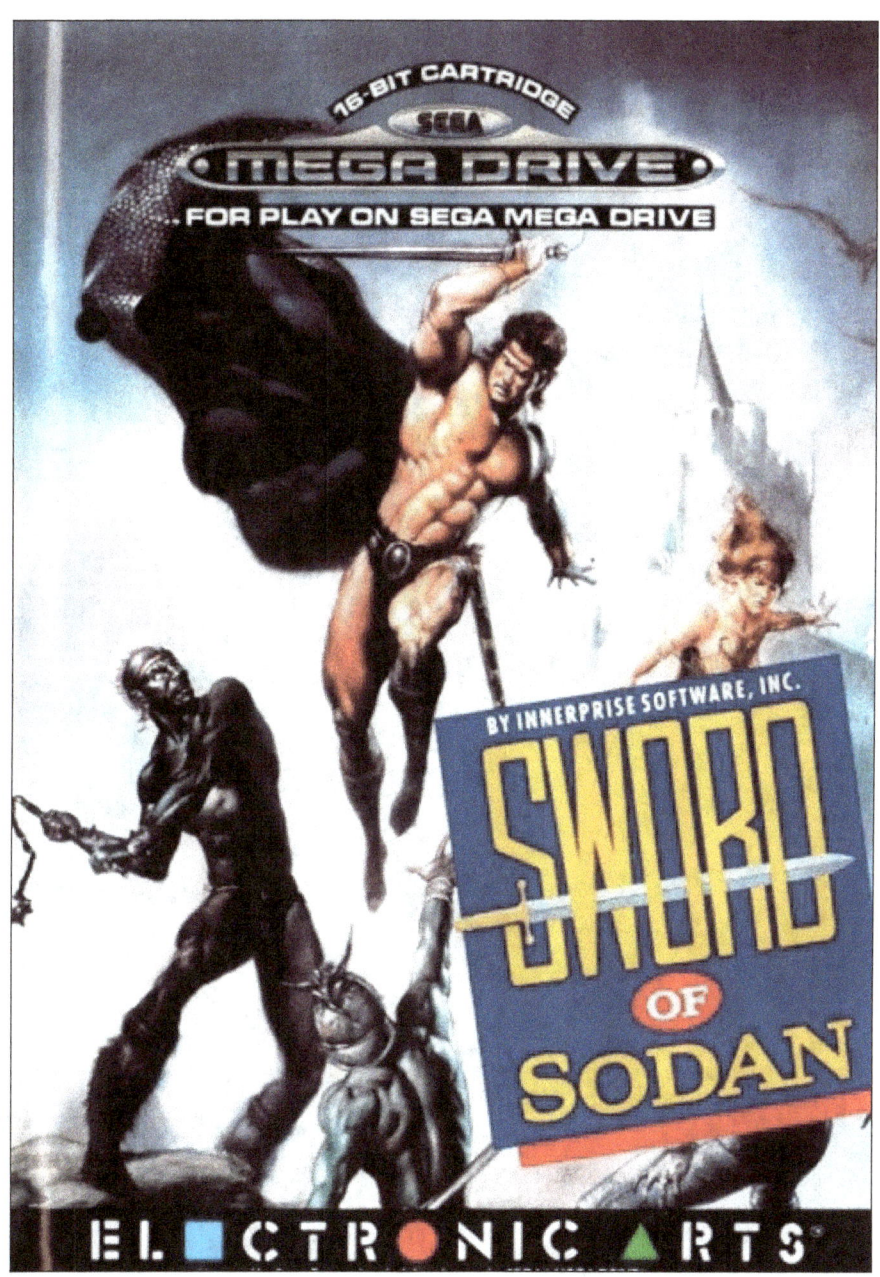

SWORD OF SODAN - 1990

TEENAGE MUTANT HERO TURTLES: TOURNAMENT FIGHTERS - 1993

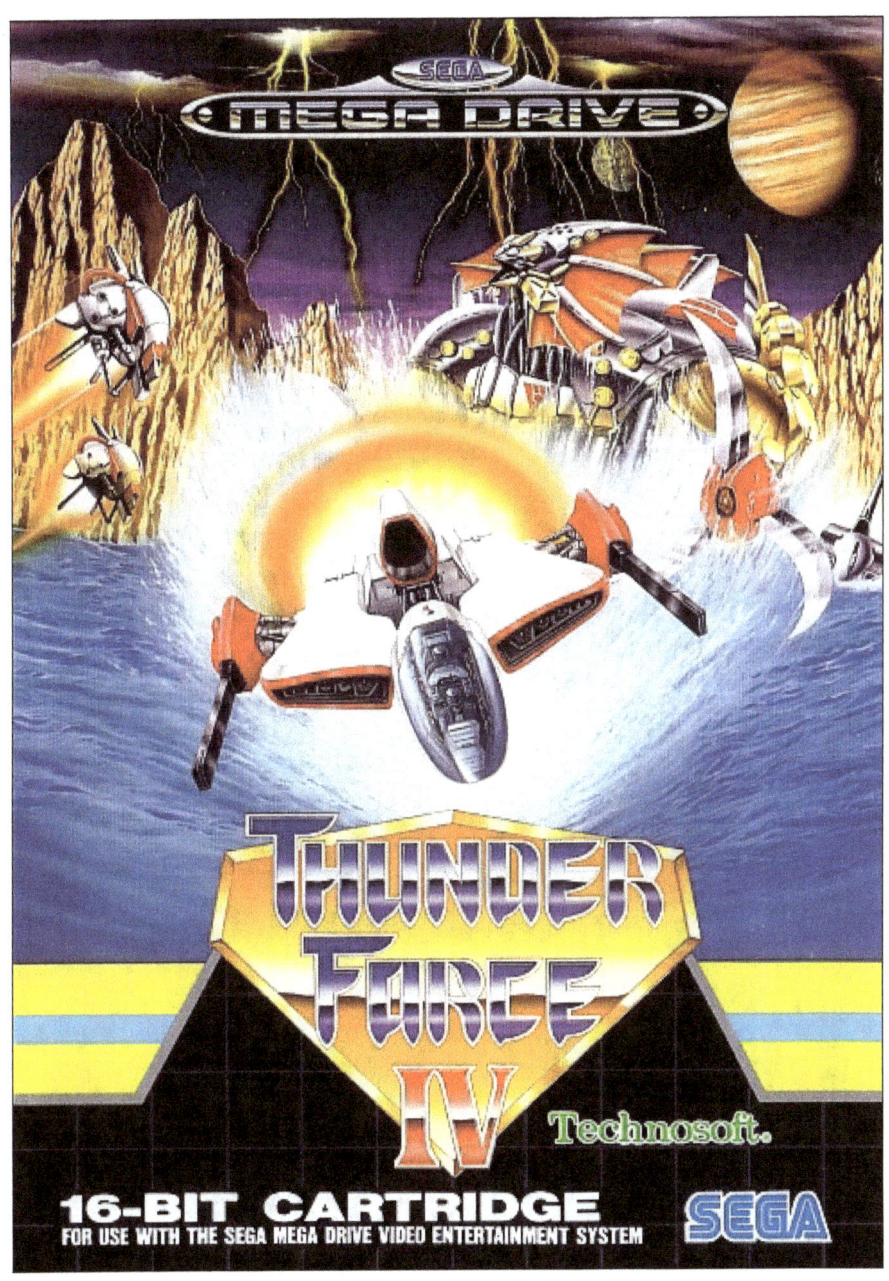

THUNDER FORCE IV - 1992

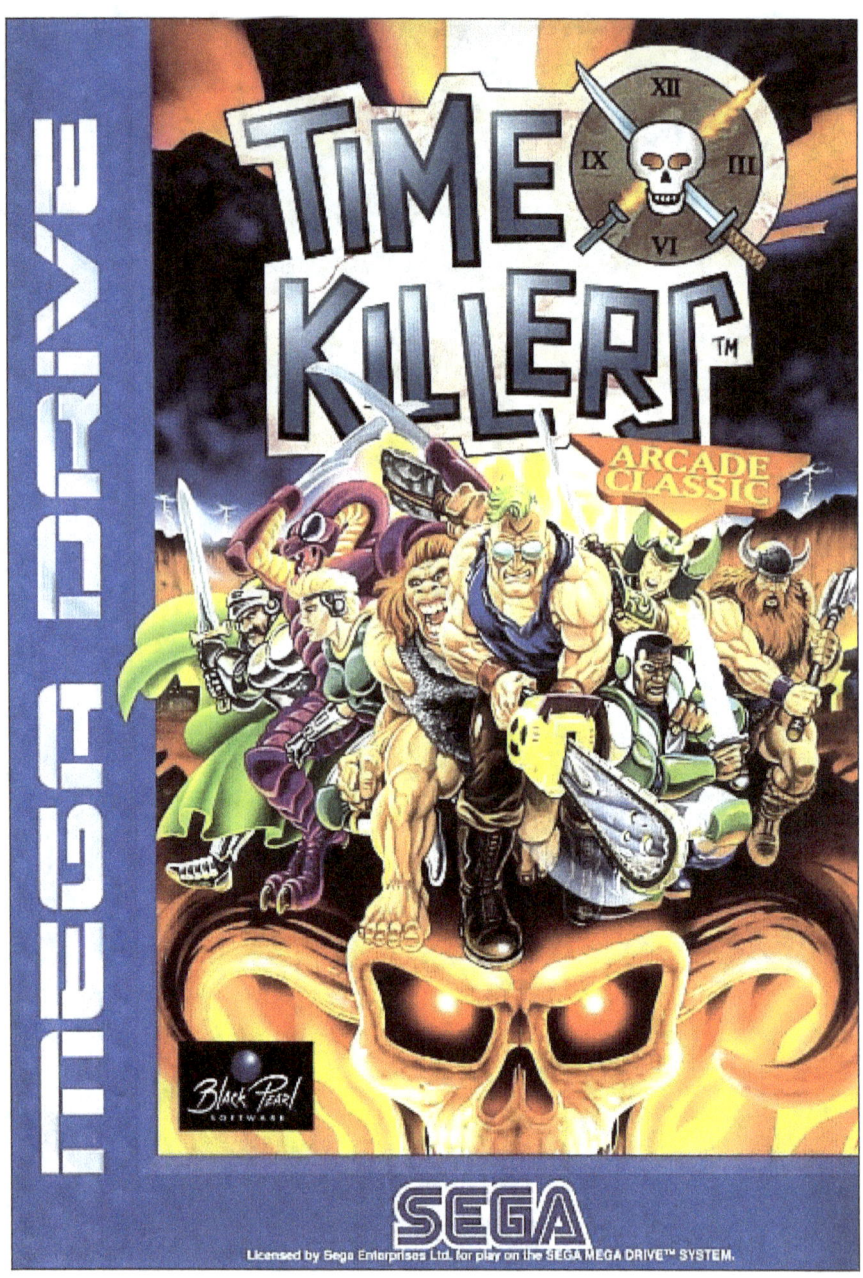

TIME KILLERS - 1996

TWIN HAWK - 1990

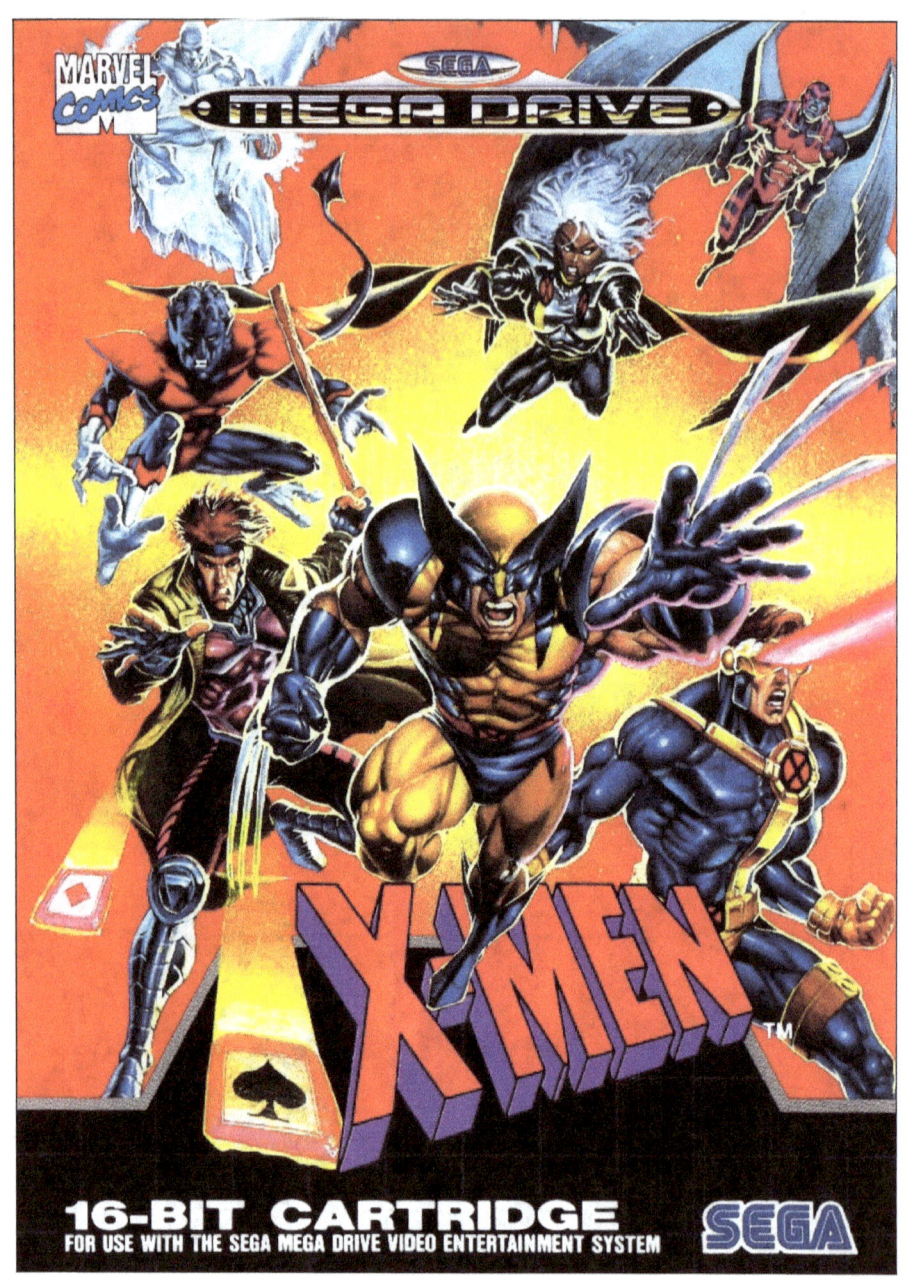

X-MEN - 1993

10. ÍNDEX I PREUS DE JOCS

En el desè i darrer capítol d'aquest llibre s'inclou un índex dels títols per a Mega Drive amb informació, per ordre alfabètic, de preus orientatius a Euros que es cotitzen actualment (octubre 2021) al mercat de col·leccionisme; un mercat que en els darrers mesos es troba en constant augment general de preus. Apareixen aquests imports orientatius per a videojocs que van aparèixer generalment a Europa en estat usat i correctament conservats; ja sigui el títol complet (JCM - caixa amb joc i manual d'instruccions), caixa amb joc i sense manual (JSM), o únicament el cartutx del joc (C).

Títol de joc	JCM	JSM	C
2 Games on One Cart	85	50	30
668 Attack Sub	**20**	**15**	**10**
Aaahh!!! Real Monsters	45	25	12
Addams Family, The	**50**	**25**	**15**
Addams Family Values	100	60	20
Adventures Batman & Robin, The	**200**	**110**	**45**
Adventures of Mighty Max, The	35	20	10
Aero The Acro-bat	**220**	**130**	**50**
Aero The Acro-bat 2	200	125	40
After Burner 2	**25**	**15**	**10**
Aladdin	25	15	10
Alex Kidd in the Enchanted Castle	**25**	**15**	**10**
Alien 3	25	15	10
Alien Soldier	**375**	**275**	**100**
Alien Storm	50	30	20
Alisia Dragoon	**100**	**60**	**30**

MEGA DRIVE

Altered Beast	25	15	10
Andre Agassi Tennis	**20**	**12**	**10**
Animaniacs	40	30	12
Another World	**45**	**30**	**15**
Aquatic Games James Pond-Aquabats	20	14	10
Arcade Classics	**25**	**15**	**10**
Arcade's Greatest Hits – Midway P.	35	20	10
Arch Rivals - The Arcade Game	**25**	**15**	**10**
Ariel: The Little Mermaid	35	25	12
Arnold Palmer Tournament Golf	**20**	**15**	**10**
Arrow Flash	45	25	15
Art Alive	**20**	**15**	**10**
Art of Fighting	90	60	25
Asterix and the Great Rescue	**30**	**20**	**12**
Asterix and the Power of the Gods	80	60	25
Atomic Runner	**65**	**45**	**20**
ATP Tour	30	20	10
Australian Rugby League	**25**	**20**	**10**
B.O.B.	35	20	10
Back to the Future III	**40**	**25**	**12**
Ball Jacks	30	20	10
Ballz 3D - The Battle of the Ballz	**25**	**20**	**10**
Barkley - Shut Up and Jam !	30	25	15
Batman	**45**	**35**	**15**
Batman Forever	40	30	15
Batman Returns	**35**	**20**	**10**
Battle Frenzy (Aka Blood Shot)	30	20	10
Battle Squadron	**100**	**75**	**30**
Battletoads	130	100	40
Beavis and Butthead – MTV's	**50**	**30**	**20**
Bill Walsh College Football	25	15	10
Bio Hazard Battle	**35**	**20**	**10**
Blades of Vengeance	80	50	25
Blockout	**25**	**15**	**10**
Bloodshot (Aka Battle Frenzy)	40	25	15
BodyCount	**200**	**150**	**75**
Bonanza Bros.	30	20	10
Bonkers, Disney's	**50**	**35**	**15**
Boogerman -A Pick and Flick Adventure	75	55	20
Bram Stoker's Dracula	**60**	**40**	**20**
Brian Lara Cricket	15	10	8
Brian Lara Cricket 96	**15**	**12**	**10**
Brutal - Paws of Fury	30	20	15

Bubba 'N' Stix	60	40	20
Bubble and Squeak	100	75	25
Bubsy in Claws E. of Furred K.	25	15	10
Bubsy II	25	15	10
Buck Rogers - Countdown to Doomsday	40	25	15
Budokan - The Martial Spirit	40	30	15
Bugs Bunny in Double Trouble	50	35	20
Bulls vs. Blazers & NBA Playoffs	20	15	10
Bulls vs. Lakers & NBA Playoffs	25	20	10
Burning Force	65	45	20
California Games	30	20	10
Cannon Fodder	40	25	15
Captain America & The Avengers	55	40	20
Captain Planet and the Planteers	65	50	25
Castle Illusion St. Mickey Mouse	40	30	15
Castlevania - The New Generation	280	200	75
Centurion: Defender of Rome	40	30	15
Chakan	45	35	18
Champions World Class Soccer	20	15	10
Champions W. C. Soccer by Ryan Giggs	20	15	10
Chaos Engine, The	75	55	30
Cheese Cat-Astrophe - St. Speedy Gonsales	65	50	20
Chiki Chiki Boys	100	75	25
Chuck Rock	30	20	15
Chuck Rock II - Son of Chuck	35	25	15
Classic Collection	65	50	25
Clay Fighter	35	25	15
Cliffhanger	50	35	20
Columns	25	20	10
Combat Cars	40	30	15
Comix Zone (inclou CD)	220	175	50
Cool Spot	35	25	15
Corporation	20	15	10
Cosmic Spacehead	40	30	15
Crack Down	45	35	20
Crüe Ball - Heavy Metal Pinball	25	20	12
Cutthroad Island	65	50	25
Cyberball	25	20	12
Cyborg Justice	35	25	18
Daffy Duck in Hollywood	50	40	20
Dark Castle	35	25	15
David Robinson's Supreme Court	20	15	10
Davis Cup World Tour	20	15	10

MEGA DRIVE

Daze Before Christmas	600	480	150
Death and Return of Superman, The	**1000**	**850**	**250**
Decap Attack	45	35	20
Demolition Man	**200**	**160**	**60**
Desert Demolition - R. Runner & Wile E.	120	85	35
Desert Strike: Return to the Gulf	**25**	**15**	**10**
Dick Tracy	45	25	15
Dick Vitale's - Awesome Baby! C.Hoops	**120**	**85**	**40**
Dino Dini's Soccer	25	18	10
Disney Collection, The	**45**	**30**	**20**
DJ Boy	40	25	15
Donald in Maui Mallard, Disney's	**60**	**40**	**20**
Double Clutch	40	25	10
Double Dragon	**75**	**40**	**25**
Double Dragon 3 - The Arcade Game	100	75	35
Dr. Robotnik's Mean Bean Machine	**60**	**35**	**20**
Dragon Ball Z: Appel du Destin	75	45	25
Dragon - The Bruce Lee Story	**30**	**18**	**10**
Dragon's Fury	35	25	15
Dragon's Revenge	**40**	**25**	**15**
Dune II - Battle for Arrakis	75	50	25
Dungeons & Dragons: W.of E.S.	**50**	**35**	**20**
Dynamite Duke	40	30	15
Dynamite Headdy	**60**	**40**	**25**
EA Hockey	20	15	10
EA Sports Double Header	**20**	**15**	**10**
Earthworm Jim	50	25	15
Earthworm Jim 2	**75**	**45**	**30**
Ecco the Dolphin	25	15	10
Ecco: The Tides of Time	**25**	**15**	**10**
Ecco Jr.	700	350	150
Empire of Steel	**50**	**35**	**20**
ESWAT - City under Siege	50	35	20
Eternal Champions	**30**	**20**	**10**
European Club Soccer	18	12	8
Evander Holyfield's "Real Deal" Boxing	**35**	**25**	**12**
Ex-Mutants	50	35	20
Exo Squad	**90**	**65**	**35**
F1	20	15	10
F1 World Championship Edition	**220**	**150**	**60**
F-117 Night Storm	30	20	10
F-15 Strike Eagle II	**30**	**20**	**10**
F-22 Interceptor	20	15	10

MEGA DRIVE

Faery Tale Adventure, The	45	30	20
Fantasia (Mickey Mouse)	30	20	10
Fantastic Dizzy	50	35	20
Fatal Fury	45	30	20
Fatal Fury 2	850	450	150
Fatal Labyrinth	40	25	15
Fatal Rewind	30	20	10
Ferrari Grand Prix Challenge	20	15	10
Fever Pitch Soccer	20	15	10
FIFA International Soccer	25	18	12
FIFA Soccer 95	20	15	10
FIFA Soccer 96	20	15	10
FIFA 97	20	15	10
FIFA 98 - Road to World Cup	30	20	12
Fire Shark	100	75	35
Flashback	45	30	15
Flicky	50	35	25
Flink	200	140	75
Flinstones, The	60	40	25
Foreman for Real	85	50	35
Forgotten Worlds	60	40	20
Frank Thomas Big Hurt Baseball	55	35	25
Fun 'n Games	25	18	10
Gain Ground	50	35	20
Galaxy Force II	35	25	15
Garfield: Caught in The Act	60	40	20
Gaunglet IV	65	45	25
General Chaos	40	25	15
Generations Lost	40	25	15
George Foreman's KO Boxing	35	25	15
Ghostbusters	100	60	30
Ghouls 'n Ghosts	90	60	30
Global Gladiators	25	15	10
G-LOC - Air Battle	25	15	10
Gods	30	15	10
Golden Axe	50	35	25
Golden Axe II	50	35	25
Grand Slam	20	15	10
Greatest Heavyweights	50	25	15
Greendog - The Beached Surfer Dude!	35	20	15
Gunship	20	15	10
Gunstar Heroes	180	100	50
Gynoug	55	30	15

MEGA DRIVE

Hard Drivin'	25	20	10
Hard Ball !	30	20	10
Hard Ball III	30	20	10
Hard Ball '94	35	25	15
Haunting: Starring Polterguy	60	35	25
Havoc	100	75	50
Hellfire	75	35	20
Herzog Zwei	75	45	30
Home Alone	35	20	15
Hook	45	35	20
Hurricanes	40	30	20
Hyper Dunk	30	20	15
IMG International Tour Tennis	20	15	10
Immortal, Will Harvey Presents The	35	25	15
Incredible Crash Dummies, The	35	25	10
Incredible Hulk, The	40	30	20
Indiana Jones and The Last Crusade	35	25	15
International Rugby	20	15	10
Int. Sensible Soccer L.E. FT World Cup T.	75	40	30
Int. Superstar Soccer Deluxe	40	25	15
Izzy 's Quest for Olympic Rings	65	35	20
Jack Nicklaus' Power Challenge Golf	20	15	10
James Buster Douglas Knockout Boxing	20	15	10
James Bond 007: The Duel	30	20	15
James Pond - Underwater Agend	35	25	15
James Pond II - Codename Robocod	25	20	10
James Pond 3 - Operation Starfish	25	20	10
Jewel Master	50	35	20
Jimmy White's Whirlwind Snooker	20	15	10
Joe Montana Football	20	15	10
Joe Montana II - Sports T. Football	20	15	10
John Madden American Football	20	15	10
John Madden Football '92	20	15	10
John Madden Football '93	20	15	10
Jordan vs. Bird	20	15	10
Judge Dredd	45	30	20
Jungle Strike: The Sequel to Desert Strike	25	20	10
Jurassic Park	30	20	10
Jurassic Park - Rampage Edition	40	30	15
Justice League Task Force	70	45	30
Kawasaki Superbikes	20	15	10
Kick Off 3: European Challenge	25	20	10
Kid Chameleon	30	25	15

MEGA DRIVE

King of the Monsters	40	30	15
King's Bounty: The Conqueror's Quest	40	30	20
Klax	25	20	10
Krusty's Super Fun House	35	25	15
Landstalker - Treasures of King Nole	50	40	20
Last Battle	20	15	10
Lawnmower Man, The	35	20	10
Legend of Galahad, The	50	35	20
Lemmings	20	15	10
Lemmings 2 - The Tribes	30	20	15
Lethal Enforcers (inclou arma)	90	60	35
Lethal Enforcers II: Gun Fighters	60	40	25
LHX Attack Chopper	20	15	10
Libro de la Selva, El	45	25	15
Light Crusader (versió espanyola)	75	50	30
Lost Vikings, The	70	45	30
Lost World - Jurassic Park, The	70	45	30
Lotus Turbo Challenge	25	20	15
Lotus II: R-E-C-S	25	20	15
M-1 Abrams Battle Tank	20	15	10
Madden NFL '94	20	15	10
Madden NFL '95	25	20	15
Madden NFL '96	20	15	10
Madden NFL '97	25	20	15
Man Overboard !	80	60	30
Marble Madness	25	15	10
Mario Andretti Racing	20	15	10
Mario Lemieux Hockey	20	15	10
Marko's Magic Football	25	20	10
Marsupilami	30	25	15
Mazin Wars	110	75	30
McDonalds Treasure Land Adventure	110	80	35
Mega Bomberman	40	30	20
Mega Games I	15	10	8
Mega Games 2	30	25	15
Mega Games 3	30	25	15
Mega Games 6	35	25	15
Mega Games 6 Vol. 2	50	35	20
Mega 6 Vol. 3	75	45	25
Mega Man - The Wily Wars	700	380	180
Mega SWIV	50	35	20
Mega Turrican	275	175	65
Mega-Lo-Mania	30	25	15

Menacer 6 - Game Cartridge	20	15	12
Mercs	40	30	20
Michael Jackson's Moonwalker	75	50	30
Mickey Mania	30	20	10
Micro Machines	25	20	10
Micro Machines 2: Turbo Tournament	30	25	15
Micro Machines - Military	55	45	25
Micro Machines: Turbo Tournament 96	30	25	20
MIG-29 Fighter Pilot	25	20	12
Might & Magic: Gates to A. W.	80	55	25
Mighty Morphin Power Rangers	45	35	20
Mighty Morphin Power Rangers - The Movie	35	30	25
Mike Ditka Power Football	35	30	20
Mortal Kombat	30	25	20
Mortal Kombat II	50	35	25
Mortal Kombat 3	40	30	20
Mr. Nutz	50	40	30
Ms. Pac-man	25	20	15
Muhammad Ali Heavyweight Boxing	40	25	15
Mutant League Football	40	25	10
Mutant League Hockey	200	130	65
Mystic Defender	40	25	15
NBA Action'95 - Starring David Robinson	25	20	10
NBA All-Star Challenge	20	15	10
NBA Hang Time	45	35	20
NBA Jam	25	20	15
NBA Jam - Tournament Edition	40	35	20
NBA Live 95	20	15	10
NBA Live 96	15	10	8
NBA Live 97	20	15	10
NBA Showdown	20	15	10
Newman H. Indycar ft. N. Mansell	25	20	10
NFL Quarterback Club	20	15	10
NFL Quarterback Club 96	25	20	10
NFL Sports Talk Football'93 - St. Joe M.	20	15	10
NHLPA Hockey 93	20	15	10
NHL Hockey 94	30	25	15
NHL 95	20	15	10
NHL 96	20	15	10
NHL 97	25	15	10
Nigel Mansell's World Championship R.	30	25	15
Normy's Beach Babe-O-Rama	120	75	50
Olympic Gold: Barcelona '92	20	15	10

Olympic Summer Games - Atlanta 1996	20	15	10
Onslaught	**120**	**80**	**50**
Ooze, The	100	75	50
Ottifants, The	**20**	**15**	**10**
OutRun	80	60	35
OutRun 2019	**45**	**35**	**20**
Pac-Mania	25	20	15
Pac-Panic	**25**	**20**	**15**
Pagemaster, The	30	25	20
Paperboy	**35**	**25**	**20**
Paperboy 2	40	30	25
Paws of Fury - Brutal -	**30**	**20**	**15**
Pebble Beach Golf Links	20	15	10
Pelé	**20**	**15**	**10**
Pelé's World Tournament Soccer	25	20	10
Pete Sampras Tennis	**20**	**15**	**10**
PGA European Tour	20	15	10
PGA Tour 96	**20**	**15**	**10**
PGA Tour Golf	20	15	10
PGA Tour Golf II	**15**	**10**	**8**
PGA Tour Golf III	20	15	10
Phantasy Star II	**75**	**60**	**35**
Phantasy Star III - Generations of Doom	100	70	40
Phantasy Star IV	**220**	**170**	**100**
Phantom 2040	55	40	25
Phelios	**100**	**70**	**50**
Pink Goes To Hollywood	45	35	20
Pinocchio, Disney's	**40**	**30**	**20**
Pirates of Dark Water, The	700	350	150
Pitfall - The Mayan Adventure	**30**	**20**	**15**
Pit-Fighter	30	20	15
Pitufos, Los (versió espanyola)	**180**	**100**	**45**
Pocahontas, Disney's	60	40	30
Populous	**25**	**20**	**15**
Populous II - Two Tribes	30	25	15
Power Drive	**50**	**35**	**25**
Power Monger	20	15	10
Predator 2	**45**	**30**	**15**
Premier Manager	20	15	10
Premier Manager 97	**25**	**20**	**15**
Primal Rage	30	25	15
Prince of Persia	**100**	**60**	**35**
Probotector	300	190	100

Psycho Pinball	30	25	15
Puggsy	30	25	15
Punisher, The	750	450	200
Quackshot - St. Donald Duck	30	25	20
R.B.I. Baseball '94	30	25	20
Radical Rex	80	50	30
Rambo III	50	40	25
Ranger X	80	50	35
Red Zone	50	35	20
Ren & Stimpy S.P - Stimpy's I, The	40	30	15
Revenge of Shinobi, The	40	30	15
Revolution X - Featuring Aerosmith	40	30	20
Rey León, El	30	25	15
Rings of Power	45	35	20
Rise of The Robots	20	15	10
Risky Woods	45	35	20
Ristar	120	85	40
Road Rash	30	25	20
Road Rash II	30	25	15
Road Rash 3	50	40	30
Robocop 3	80	50	40
Robocop vs The Terminator	40	30	25
Rock 'n' Roll Racing	70	50	30
Rocket Knight Adventures	75	45	30
Rolling Thunder 2	70	45	25
Rolo to The Rescue	25	20	15
Rugby World Cup 95	20	15	10
Sampras Tennis 96	25	20	15
Samurai Shodown	45	35	25
Saturday Night Slam Masters	250	120	80
Schtroumpfs: Autour Monde, The	100	70	45
SeaQuest DSV	60	45	30
Second Samurai	100	65	40
Sega Sports 1	20	15	10
Sensible Soccer - European Champions	40	30	20
Shadow Dancer - The Secret of Shinobi	90	65	40
Shadow of The Beast	30	20	10
Shadow of The Beast II	35	25	18
Shaq-Fu	20	15	10
Shining in The Darkness	70	50	30
Shining Force	140	90	50
Shining Force II	150	90	50
Shinobi III - Return of Ninja Master	175	100	50

MEGA DRIVE

Side Pocket	35	25	15
Simpsons: Bart vs. Space Mutants, The	**40**	**30**	**20**
Simpsons - Bart's Nightmare, The	55	40	20
Skeleton Krew	**120**	**90**	**50**
Skitchin'	45	35	20
Smurfs, The	**50**	**35**	**25**
Snake Rattle 'N Roll	55	40	30
Soleil (versió espanyola)	**350**	**280**	**100**
Soleil (versió anglesa)	80	55	35
Sonic Compilation	**35**	**25**	**15**
Sonic The Hedgehog	15	10	8
Sonic The Hedgehog 2	**20**	**15**	**10**
Sonic The Hedgehog 3	55	40	30
Sonic 3D Flickie's Island	**50**	**35**	**25**
Sonic & Knuckles	100	70	35
Sonic The Hedgehog Spinball	**30**	**25**	**15**
Space Harrier II	25	20	15
Sparkster	**180**	**100**	**50**
Speedball 2	30	25	20
Spider-Man	**300**	**175**	**100**
Spider-Man Marvel	40	30	20
Spider-Man Venom Separation Anxiety	**500**	**400**	**200**
Spider-Man Venom Maximum Carnage	250	150	70
Spider-Man X-Men Arcade's Revenge	**60**	**40**	**30**
Spirou	40	30	20
Splatterhouse 2	**75**	**50**	**35**
Spot Goes to Hollywood	35	25	20
Star Control	**125**	**75**	**30**
Star Trek Deep Space Nine - Crossroads of T.	100	70	35
Starflight	**50**	**40**	**30**
Stargate	40	35	30
Steel Talons	**25**	**20**	**15**
Story of Thor, The (versió espanyola)	100	75	45
Street Fighter II - Special Champions Ed.	**35**	**25**	**20**
Street Racer	35	25	20
Streets of Rage	**45**	**35**	**25**
Streets of Rage II	75	60	35
Streets of Rage 3	**230**	**120**	**65**
Strider	30	25	20
Strider II	**90**	**55**	**35**
Striker	25	15	10
Sub-Terrania	**50**	**30**	**20**
Summer Challenge	20	15	10

MEGA DRIVE

Sunset Riders	200	120	60
Super Baseball 2020	55	35	20
Super Fantasy Zone	100	50	30
Super Hang-On	25	20	10
Super Hydlide	35	25	15
Super Kick Off	20	15	10
Super League	25	20	15
Super Monaco GP	25	20	10
Super Monaco GP II - Ayrton Senna's	30	25	15
Super Off Road	45	35	20
Super Real Basketball	30	25	15
Super Skidmarks	35	30	20
Super Smash TV	45	30	20
Super Street Fighter II - The New Challengers	50	35	25
Super Thunder Blade	20	15	10
Superman - The Man of Steel	50	35	25
Sword of Sodan	45	30	20
Sword of Vermillion	45	30	20
Sylvester & Tweety in Cagey Capers	35	25	20
Syndicate	50	35	25
Talespin, Disney's	25	20	15
Talmit's Adventure	30	20	15
Taz-Mania	30	25	20
Taz in Escape From Mars	30	25	20
Team USA Basketball	20	15	10
Techno Clash	40	30	20
Teenage Mutant Hero Turtles Hyperstone	150	100	60
Teenage Mutant Hero Turtles Tourn. Fighters	50	40	30
Terminator, The	35	30	25
Terminator 2 - Judgment Day	60	40	30
Terminator 2 - The Arcade Game	35	25	20
Test Drive II - The Duel	45	35	25
Theme Park	25	20	15
Thunder Force II	50	35	25
Thunder Force IV	100	70	55
Time Killers	220	120	70
TinTin in Tibet (versió anglesa)	60	45	35
Tiny Toons Adventures - ACME All-Stars	45	35	25
Tiny Toons Adventures - Buster's H.T.	30	25	20
ToeJam & Earl	35	30	15
ToeJam & Earl in Panic on Funkotron	35	30	15
Toki - Gone Ape Spit	40	35	25
Total Football	20	15	10

Toughman Contest	40	25	20
Toy Story, Disney's	35	25	20
True Lies	70	55	35
Truxton	100	70	45
Turbo OutRun	60	35	25
Turrican	120	80	60
Twin Hawk	70	50	30
Two Crude Dudes	75	55	30
Ultimate Mortal Combat 3	130	80	45
Ultimate Soccer	15	10	8
Universal Soldier	55	35	25
Urban Strike – The Sequel Jungle Strike	25	20	15
Vectorman	50	35	25
Virtua Fighter 2	40	30	20
Virtua Racing	35	30	25
Virtual Bart	100	70	40
Virtual Pinball	40	30	20
VR Troopers	40	30	20
Warlock, Beware The Ultimate Evil	45	30	20
WarpSpeed	45	30	20
Wayne Gretzky & NHLPA All-Stars	25	20	15
Where in theWorld is Carmen Sandiego ?	35	25	20
Where in Time is Carmen Sandiego ?	35	25	20
Wimbledon Championship Tennis	25	20	10
Winter Challenge	20	15	10
Winter Olympics - Lillehammer '94	25	20	10
Wiz 'n' Liz: Frantic Wabbit Wescue	45	35	20
Wolverine - Adamantium Rage	130	85	50
Wonder Boy III: Monster Lair	60	45	25
Wonder Boy in Monster World	50	35	20
World Championship Soccer II (Classic)	40	25	15
World Champ. Soccer II (Caixa blava)	5500	--	--
World Class Leaderboard	15	10	8
World Cup Italia '90	15	10	8
World Cup USA 94	20	15	10
World of Illusion - M. Mouse & Donald D	30	25	15
Worms	35	30	20
Wrestle War	25	20	10
WWF Raw	35	25	15
WWF Royal Rumble	35	25	15
WWF Super WestleMania	20	15	10
WWF WestleMania - The Arcade Game	100	60	35
Xenon 2 - Megablast	50	35	20

X-Men	70	50	30
X-Men 2 - Clone Wars	180	140	75
Yogi Bear - Cartoon Capers	45	35	20
Zany Golf	30	25	15
Zero The Kamikaze Squirrel	200	175	100
Zero Tolerance	30	25	15
Zero Wing	100	70	40
Zombies	85	50	30
Zool - Ninja of The "Nth" Dimension	35	25	20
Zoom !	35	25	20
Zoop	25	20	10

Bibliografia

Génération Sega - Regis Monterrin
Mega Drive Collector's Guide - Thomas Michelfeit
Console Wars – Blake J. Harris
Mega Drive: El auténtico cerebro de la bestia - Javier Caro
High Score, documental - France Costrel
Mega Drive Legends - J. Ángel Ciudad/Game Press Editorial

SOBRE L'AUTOR

Daniel Caballero (Reus, 1968) és funcionari estatal, actualment dins del Grup Executiu al Sector de les Comunicacions.

A principis de la dècada dels 80 es va iniciar al món dels videojocs a través del revolucionari microordinador britànic Sinclair ZX Spectrum, en la seva versió 48 K. Uns anys més tard, i en contra de la creença general de l'època que els videojocs eren "cosa de nens", amb 24 anys va decidir adquirir la fantàstica consola de 16 bits de Sega. Amb ella es va endinsar en grans títols del sistema, com el mític Sonic The Hedgehog o el primer joc de la sèrie de futbol Fifa: el conegut Fifa Internacional Soccer.

Actualment segueix la seva afició pels videojocs a través de la seva col·lecció particular d'antics títols i algunes consoles de diferents èpoques, a més de mantenir contacte directe a diferents xarxes socials. Així aconsegueix que encara continuï intacte la seva passió per aquesta gran afició, i com diu ell mateix, seguirà per sempre.